하나님 나라의 복음

The Gospel of the Kingdom

조지 앨든 래드 지음 / 박미가 옮김

서로사랑

The Gospel of the Kingdom
Copyright ⓒ 1959, Paternoster Press
All rights reserved.
Originally Published by Paternoster Press.
Korean translation Copyright ⓒ 2001 by
Seorosarang Publishing

하나님 나라의 복음

1판 1쇄 발행 _ 2001년 8월 31일
2판 2쇄 발행 _ 2010년 10월 8일

지은이 _ 조지 앨든 래드
옮긴이 _ 박미가

펴낸이 _ 이상준
펴낸곳 _ 서로사랑(알파코리아 출판 사역기관)

편집 _ 이소연, 박미선
영업 _ 장완철
이메일 _ publication@alphakorea.org

사역/행정 _ 이정자, 윤종화, 주민순, 엄지일
이메일 _ sarang@alphakorea.org

등록번호 _ 제21-657-1호
등록일자 _ 1994년 10월 31일

주소 _ 서울시 서초구 방배1동 918-3 완원빌딩 1층
전화 _ (02)586-9211~4 팩스 _ (02)586-9215
홈페이지 _ www.alphakorea.org

ⓒ서로사랑 2009

* 이 책은 서로사랑이 저작권자와의 계약에 따라 발행한 것이므로
  본사의 허락 없이는 어떠한 형태나 수단으로도 이 책의 내용을 이용하지 못합니다.
* 잘못된 책은 바꿔 드립니다.
* 가격은 뒤표지에 있습니다.

추천사

    그리스도인이건 아니건 간에 이 세상에 사는 모든 사람들은 세상 종말에 관해 알고 싶어 합니다. 성경은 세상에 끝이 있다고 말합니다. 미래에 대한 호기심 때문에 사람들은 점쟁이를 찾아가기도 하고, 좋은 미래를 갖기 위해 무당을 찾아가 굿을 하기도 합니다. 이렇듯 자신의 장래에 무슨 일이 일어날 것인가에 대한 인간의 궁금증은 비단 오늘날만의 일은 아닌 듯싶습니다. 그러나 성경에 기록된 참된 진리를 제쳐놓고 미래와 종말에 관해 알고자 하는 것은 잘못된 결과만을 초래할 뿐입니다. 그 이유는 성경만이 인간의 현재와 미래에 대한 하나님의 선하신 계획과 목적을 가장 잘 알려 주기 때문입니다.

    저는 종말론과 예언에 관한 많은 책들을 읽어 왔습니다. 저는 이러한 주제에 대한 신학적인 여러 견해들에 대해 잘 알고 있습니다. 서점에는 하나님 나라에 관한 많은 서적들이 나와 있습니다. 그러나 하나님 나라에 관한 수많은 책들 중에서 저는 조지 래드 박사의 이 책만큼 하나님 나라에 대해 쉽고 명쾌하게 쓴 책은 아직 찾지 못하였습니다.

래드 박사는 하나님 나라는 미래적 사건이요, 또한 현재적 사건이라고 주장합니다. 저자는 하나님 나라란 믿는 자들이 자신을 하나님께 포기해 드림으로써 생활 속에 나타나는 현재적 체험임을 강조합니다. 또한 이러한 하나님 나라의 현재적 체험은 미래에 그리스도의 재림으로 완성된다고 주장합니다.

하나님 나라의 완성에 관해서는 제2장에 다음과 같이 설명되어 있습니다: "하나님 나라는 하나님의 통치이며 하나님의 주권입니다. 이 주권은 행사할 수 있는 실제적 주권입니다. 하나님의 주권은 미래에 도래할 온전한 하나님 나라에서도 행사되지만 지금 우리가 사는 이 세상에서도 행사됩니다. 하나님의 통치는 앞으로 올 것이며 동시에 지금 이 세상에도 존재합니다. 그리고 우리가 이러한 하나님 나라의 현재적 영역과 미래적 영역으로 들어가게 되면 우리는 하나님의 통치 안에 있을 때에 누릴 수 있는 축복들을 그대로 받게 됩니다. 그러므로 하나님 나라는 하나님의 뜻을 깨닫고 그분의 축복 속으로 들어가는 것이라고 말할 수 있습니다."

또한 저자는 본서에서 사복음서에 나오는 비유들에 대한 해석을 명쾌하게 내리고 있습니다. 예수님의 비유는 거의가 하나님 나라에 대한 비유입니다. 또한 저자는 하나님 나라의 비유에 대한 해석이 세부적이어서는 안 된다고 주장합니다. 예수님이 말씀하신 비유들의 주제인 하나님 나라는 지금은 비록 미약하게 보일지 모르지만 실제로 체험되어질 수 있는 것이라고 말하며, 이 하나님 나라가 예수님 재림 후에는 온 세상을 덮을 것이며, 이때가 바로 하나님께서 이 세상을 완전히 통치하는 때라고 주장합니다. 저는 저자의 이러한 주장에 전적으로 동감하는 바입니다. 저자의 이런 주장은 낙망한 자에게 희망과 용기를 불어넣어 줍니다. 언뜻 보면 세상에서 하나님의 다스리심은 없고 불법만이 판을 치는 것 같아도 마지막 승리의 나팔은 분명히 울려 퍼질 것이고, 그날이 바로 하나님의 통치가 실질적인 차원에서 온전히 이루어지는 날이 될 것입니다. 그날은 반드시 옵니다. 사탄은 하나님 나라의 도래를 저지할 능력이 없습니다.

　래드 박사의 산상수훈 해석은 놀랄 만합니다. 이는 저자인 래드 박사 자신이 산상수훈을 교훈으로 삼고 살아가는 덕이기에 가능한 것이라고 저는 생각합니다. 체험적 확신이 없이는 아무도 산상수훈에 대해 올바로 설파할 수 없기 때문입니다. 산상수훈은 그리스도인의 삶이 어떠해야 하는가에 대한 예수님의 단도직입적인 가르치심입니다. 이혼, 탐욕, 분노, 맹세들에 대한 래드 박사의 해석은 너무도 성경적입니다. 저는 감히 그분의 해석으로 산상수훈이 새 책으로 태어난다고 말하고 싶을 정도입니다.

　저자는 하나님 나라가 본인의 것으로 체험되는 일이 실제로 일어나기 원하는 사람들은 확고한 결단을 내려야 한다고 말합니다. 이 결정은 각자가 지불해야 할 값이며 희생입니다. 예수님을 따르기로 한 결단 없이 어떻게 그분의 제자가 되겠으며, 어떻게 하나님 나라의 백성으로서 혜택을 받겠습니까? 그러기에 예수님은 부자 청년에게 너의 재산을 팔아 가난한 자에게 준 후에 나를 따르라고 하지 않았습니까? 하나님 나라의 통치하에 들어가는 축복을 누리기 위해서는 완전한 복종이 요구됩니다. 그 복종은 바로 하나님을 나의 왕으로 인정해 드림이 생활에서 나타나는 복종이어야 합니다. 하나님 나라에 들어갈 수 있는 입장권은 그분만을 나의 왕으로 섬길 것을 결정하고 그렇게 살아갈 때 손에 쥐어지는 것입니다.

저자는 교회가 예수님 재림 때까지 계속해서 하나님 나라의 복음을 전파하여야 하며, 교회가 이 사명을 다 완수할 때 예수님께서 왕으로서 재림하실 것이라고 말합니다.

이 책은 일반인, 평신도, 신학생, 목회자 모두에게 희망과 소망을 주는 책이라고 확신합니다. 이 책이 세상에 나온 것에 대해 저는 개인적으로 기쁨을 금할 길이 없습니다. 이 책으로 인해 전 세계에 흩어져 있는 교회들에게 놀라운 변화가 올 것으로 믿으며 이를 추천사로 대신합니다.

1959년 2월
로스앤젤레스에서
오스왈드 제이 스미스

서문

　성경을 공부하다 보면 자칫 성경 연구 그 자체가 목적이 되어 버리는 경우가 많이 있습니다. 하나님께서 우리에게 성경을 주신 이유는 우리를 온전케 하시고자 하심입니다. "이는 하나님의 사람으로 온전케 하며 모든 선한 일을 행하기에 온전케 하려 함이니라"(딤후 3:17). 신학교가 인간의 지적인 면만을 강조하고, 교회의 모든 프로그램은 감정과 의지적인 면만을 부추긴다면, 우리의 삶을 온전히 변화시키기 위해서 하나님께서 인간에게 주신 성경은 그 원래의 의도를 상실하고 말 것입니다.

　저는 이 책을 통해 성경에서 말하는 '하나님 나라' 라는 주제를 성경적 시각으로 해석하되 일반인들이 쉽게 이해할 수 있도록 하였습니다. '하나님 나라' 는 신약에서 그 어느 주제보다 가장 많이 토의되어 온 주제입니다. '하나님 나라' 는 예수님의 지상 사역의 핵심 메시지였습니다. 예수님께서는 온 갈릴리에 두루 다니시면서 천국 복음을 전파하셨습니다(마 4:23). 이 천국 복음이 바로 하나님 나라의 복음인 것입니다. 그 후로도 예수님께서는 승천하실 때까지 하나님 나라에 관한 구체적인 말씀 선포를 계속해 나가셨습니다.

하나님 나라의 복음이 무엇인가를 설명하면서, 저는 이 책에서 저치 견해를 변호하거나 이 주제에 관한 다른 신학자들의 견해를 비판하지 않았습니다. 이 책을 만든 목적은 예수님께서 선포하신 하나님 나라의 복음을 그리스도인들이 삶에 온전히 적용해 나가도록 하기 위함입니다.

이 책에 실린 내용은 제가 교단에서 또는 성경 연구 모임에서 전달한 것들을 출판을 목적으로 재정리한 것들입니다. 문장은 쉽고 간결하며 직설적입니다. 그리고 초점은 이 책을 읽는 분들의 실질적 삶의 변화에 두었습니다. 열린 마음 그리고 실제적인 도움을 얻고자 하는 마음으로 읽으시면, 성령님의 도움을 받으실 줄로 생각합니다. 읽는 중이나 다 읽은 다음에 주님께서 가르쳐 주신 대로 살고자 하는 마음과 의지가 일어나기를 기도합니다. '하나님 나라' 에 대한 이해가 저의 생각과 삶을 온통 바꾸어 놓은 것은 저에게는 큰 축복이었습니다. 여러분에게도 이 책을 통해 제가 받은 축복이 임하기를 원합니다.

캘리포니아 파사데나에서
조지 앨든 래드

역자의 말

하나님 나라의 복음은 성경 전체를 관통하는 중요한 주제이다. 또한 예수님께서 이 땅에 오셔서 전한 말씀의 핵심이 바로 하나님 나라의 도래이다. 예수님께서는 자신이 이 땅에 오심으로 인해 하나님 나라가 이미 이 세상 나라에 왔다는 좋은 소식을 전하셨다. 그러므로 우리는 이 땅에 살면서 천국을 경험할 수 있음이 분명하다.

이 책이 현대 신학에 미친 영향은 매우 지대하다. 장로교단 신학교들을 위시한 주요 신학대학과 신학대학원에서는 이 책을 주 교재로 사용하고 있는 것으로 알고 있다. 저자는 어떻게 보면 어려운 주제인 하나님 나라의 복음을 신학생과 평신도들이 이해할 수 있는 쉬운 글로 이 책을 만들었다. 이에 역자인 나도 최선을 다해 쉬운 언어로 번역을 하려고 하였다.

본서는 또한 빈야드 교단을 설립한 존 윔버에게 큰 영향을 미쳐 성령의 '제삼의 물결'을 도래케 하는 데 큰 역할을 하였다. 특히 존 윔버는 믿는 자들에게 주어진 하나님 나라의 능력이 치유와 축사로 나타날 수 있음을 체계적으로 실증하고 전파함으로 예수 그리스도의 하나님 나라의 메시지가 현재적 진리임을 증명하였다.

내 아내는 어느 날 내가 번역한 이 책을 읽다가 오랫동안 흐느꼈다. 그녀는 내가 왜 우냐고 묻자 "내가 소유한 하나님 나라가 이렇게 좋은 것인 줄 미처 몰랐어요"라고 대답했다. 이 책은 나의 삶에 지대한 영향을 미치고 있다. 나는 어디를 가든 기회만 주어지면 하나님 나라의 현존과 하나님의 사랑에 대해 전하고 있다.

나와 내 아내의 삶을 변화시킨 이 책이 독자 여러분들도 변화시킬 수 있음을 믿는 이유는 하나님 나라의 복음에는 능력이 있기 때문이다. 또한 하나님 나라가 믿는 자들의 삶 속에서 나타날 수 있는 이유는 그렇게 되는 것이 하나님 아버지와 성령님의 우리에 대한 뜻이기 때문이다. 그런고로 나는 열린 마음으로 이 책을 읽는 모든 독자들의 삶 속에 하나님 나라가 능력과 영광으로 임하리라고 믿고 바라는 바이다.

마지막으로 교정을 보아 준 아내 권경남과 조성미 자매에게 감사를 드린다.

2001년 8월 24일 양주 덕정리에서

박미가

차례

제1장 하나님 나라란 무엇인가? ···· 13

제2장 다가올 하나님 나라 ···· 33

제3장 현존하는 하나님 나라 ···· 59

제4장 하나님 나라의 비밀 ···· 79

제5장 하나님 나라의 삶 ···· 101

제6장 하나님 나라의 의 ···· 123

제7장 하나님 나라에 들어가기 위한 조건 ···· 149

제8장 하나님 나라, 이스라엘 그리고 교회 ···· 173

제9장 하나님 나라는 언제 오는가? ···· 201

하나님 나라란 무엇인가?

우리가 사는 세상은 좋기도 한 반면 두렵고 어려운 장소이기도 합니다. 지금의 생활을 수십 년 전의 그것에 비교해 본다면 우리는 지금 좋은 시대에 살고 있다고 말할 수 있을 것입니다. 과학의 급속한 발달로 인해 과거에는 상상도 할 수 없었던 것들이 가능해졌습니다. 초고속 비행기가 나라 간의 왕래를 옆집 드나들 듯이 하게끔 해 주고 있고, 쾌속 여객선의 등장으로 가기 힘들었던 곳들을 쉽게 방문할 수 있게 되었습니다. 꿈의 궁전이라는 배들이 관광객들을 유혹하고 있습니다. 부의 증가로 인해 웬만한 집은 자동차를 갖고 있기에 원하기만 하면 때와 장소를 가리지 않고 찾아갈 수 있습니다. 십 년 전만 해도 손으로 하던 빨래를 이제는 세탁기가 대신해 주고 있습니다. 편리해진 가정주부들은 소일거리들을 찾고 있습니다. 또한 의학의 급속한 발달로 인해 과거에는 불치로 여겨졌던 병들이 이제는 손쉽게 치료될 수 있는 병이 되어 버렸습니다. 이에 따라 인간의 평균 수명은 매년 증가하고 있습니다.

참으로 좋은 세상이 되어 가고 있는 듯싶습니다. 그러나 행복과 안전은 아직도 요원합니다. 아직도 우리 주변에는 엉겨 붙은 삶을 풀지 못한 채 하루하루 고통과 질병과 혼돈 속에서 살아가는 사람이 많이 있습니다. 세계 여러 곳에서는 아직도 민족 간, 나라 간의 싸움이 계속되고 있습니다. 이로 인한 인간의 상처는 그 상상을 초월합니다. 지금 이 시간도 자신에게 돌이키기 힘든 육체적, 정신적 손실을 입힌 것으로부터 보상을 받기 위해 노심초사하는 사람들과 국가들이 도처에 있습니다. 신문에서는 연일 사람의 욕심으로 인한 사건들이 끊이지 않고 보도되고 있습니다. 인격과 자유가 짓밟히는 사례는 그 수를 헤아리기 힘듭니다. 과연 과학의 발달이 인간에게 어떤 행복을 가져다주었는지 자문해 보지 않을 수 없습니다. 과학이 발달해서 좀 더 편해진 생활을 할 수 있게 되었는지는 몰라도, 인간의 죄악은 없어지지 않은 채로 역사는 그냥 흘러가는 듯싶습니다.

좋기도 한 반면 두려움과 어려움의 장소인 이 세상에서 사람들은 이런 질문들을 던집니다: 왜 이런 나쁜 일들은 끊임없이 일어나는가? 이러한 인간사는 끊임없이 계속되기만 하는 것인가? 이 세상에 종말은 있는 것인가? 있다면 그 양상은 어떠할까? 사람들은 오늘날 자신이 누구이며 왜 살아야 하고 어떻게 살아야 하나 하는 질문들과 아울러 인간 역사의 의미에 대해서도 알고 싶어 합니다: 인류의 종착역은 있는 것인가? 우리는 그저 시간이라는 무대에 선 꼭두각시들처럼 극장이 문을 닫는 마지막 날까지 의미없이 자신의 역할만을 담당하다 사라질 뿐인가?

고대의 시인들과 현인들은 이상적인 세상의 실현을 꿈꾸었습니다. 헤시오드(Hesiod)는 과거에 존재했다는 황금시대의 재현을 위해 애쓰다가 희망 없는 내일이 있을 뿐이라는 사실을 깨달은 후 역사의 무대에서 사라졌습니다. 플라톤(Plato)은 이상적인 철학 원칙에 입각한 온전한 나라를 꿈꾸었습니다. 그러나 그가 깨달은 것은 그의 이상이 실현 불가능하다는 사실이었습니다. 버질(Virgil)은 이 세상을 고통으로부터 구해 줄 한 사람이 있고 그에 의해 새 세대가 올 것이라고 생각하여 그에게 찬미의 노래를 지어 바치기까지 하였습니다.

약 이천 년 전 유대의 초창기 그리스도인들은 하나님 나라에 자신들의 삶에 대한 소망을 두었습니다. 그들은 구약성경에 계시된 하나님 나라의 도래에 대한 말씀들에 삶의 희망을 걸었습니다. 성경적 소망은 하나님의 계시에 그 근거를 두고 있기 때문에 고대 그리스 시인들의 이상과는 다르다고 보아야 합니다.

하나님 나라에 관한 신약적 소망의 출발점은 구약입니다. 그 출발점은 영원하신 하나님께서 인간에 대한 그분의 목적을 이스라엘이라는 하나님이 선택한 민족을 통해 이루실 것이라는 것이었습니다. 성경적 소망은 종교적 소망입니다. 그 소망은 바로 살아 계신 하나님께서 인간 구원의 역사를 완성하실 것이라는 소망입니다. 이러한 소망은 하나님 자신이 구약의 예언자들에게 계시한 구약의 기록에 그 근거를 두고 있습니다.

구약의 예언자들은 하나님의 백성들이 평화롭게 살게 될 날이 올 것이라고 선포하여 왔습니다. 그리고 이스라엘 민족들은 평화의 그날이 오면 하나님께서 열방들을 판단하시고, 많은 백성들을 판결하시며, 사람들이 칼을 보습으로 바꾸고 창을 낫으로 만들 것이며, 이 나라와 저 나라가 다시는 칼을 들고 서로 치지 아니하며 다시는 전쟁을 연습치 아니할 것이라고 믿었습니다(사 2:4). 평화의 그날이 오면 인간적인 갈등이나 사회적인 문제가 없고 인간의 악도 더 이상 존재하지 않을 것이라고 믿었습니다. 그날이 오면 이리가 어린 양과 함께 거하며 표범이 어린 염소와 함께 누우며 송아지와 어린 사자와 살진 짐승이 함께 있어 어린아이와 함께 지낼 것이라고 믿었습니다(사 11:6). 미래에 평화와 안전이 그들에게 약속되어 있다고 믿었습니다.

그들이 그렇게 믿고 있을 때 나사렛이란 동네에서 살던 예수라는 이름을 가진 사람이 나타나서 "회개하라 천국이 가까왔느니라"(마 4:17)라고 선포하였습니다. 예수님께서 선포하신 이 천국이 바로 하나님 나라입니다. 하나님 나라는 그분의 삼 년 공생애의 핵심 메시지입니다. 그분의 가르침은 인간들이 어떻게 하면 하나님 나라에 들어갈 수 있는지에 대한 것이었습니다(마 5:20, 7:21). 그분이 선포하시는 하나님 나라의 메시지는 그분의 축사와 치유의 사역을 통해 입증되었습니다. 그분의 치유와 축사 사역은 하나님의 나라가 그들에게 이미 임했다는 것을 증거하기에 충분하였습니다(마 12:8). 예수님께서는 삼 년간 많은 비유들을 제자들에게 말씀해 주셨는데(마 13:11) 그 비유들은 하나님의 나라에 관한 비유들입니다.

또한 예수님께서는 제자들에게 하나님 나라에 관한 다음과 같은 말씀도 하셨습니다. 가령 기도할 때 "나라이 임하옵시며 뜻이 하늘에서 이룬 것 같이 땅에서도 이루어지이다"(마 6:10)라고 기도할 것을 요청하셨습니다. 예수님께서는 돌아가시기 전날 밤에 자신이 자신의 제자들과 함께 장차 누릴 하나님 나라에서의 친밀한 교제에 대해 말씀하셨습니다(눅 22:28-30). 또한 예수님께서는 자신이 영광 가운데 이 땅에 재림하셔서 예비된 자들에게 하나님 나라의 축복을 줄 것이라고 약속하셨습니다(마 25:31, 34).

성경에서 하나님의 나라라는 주제만큼 신학자들 사이에서 논란을 많이 불러일으킨 주제는 없었습니다. 만약 신학교 교수들이나 또는 목사들에게, "하나님의 나라란 무엇입니까? 언제 임하고 어떤 모양으로 임합니까?"라고 물어본다면 그 대답들은 다양할 것입니다.

하르낙(Adolf von Harnack)을 위시한 사람들은 하나님의 나라를 인간 각자의 주관적인 생각에 예속시켰습니다. 인간의 영과 하나님 아버지와의 관계에서만 하나님 나라가 존재한다고 함으로써 하나님 나라를 축소 해석하는 결과를 초래하였습니다. 그들은 하나님 나라는 인간의 영혼에만 존재하는 내적인 힘이라고 말합니다. 저는 하르낙의 하나님 나라에 대한 이러한 믿음은 세계적인 몇몇 종교들에게서 발견될 수 있는 교리들과 다를 바 없다고 생각합니다. 또한 도드(C. H. Dodd)와 같은 신학자는 하나님의 나라를 특정 시간과 공간 속에서 나사렛 출신의 인간 예수에게 들어간 그 어떤 것, 곧 절대적이면서도 세상 나라와는 '전혀 다른' 그 어떤 것으로 해석하고 있습니다.

아프리카에서 의료 선교사로서 헌신한 슈바이처(Albert Schweitzer) 박사는 하나님 나라를 종말론적 시각으로만 해석하여, 하나님 나라를 세상 역사의 끝 날에 도래할 새로운 차원의 나라로 생각하였습니다. 슈바이처에게 있어서 하나님 나라는 이 세상에서 살면서 경험할 수 있는 영적인 실체가 아닌 단지 미래의 초자연적인 나라였습니다.

반면에 어떤 부류의 사람들은 하나님 나라를 교회와 관련하여 생각하였습니다. 실제로 어거스틴(Augustine) 이후로 구교에 속한 사람들은 하나님 나라와 교회를 동일시하여 온 경향이 짙습니다. 그런 사람들은 교회가 강성할수록 하나님 나라는 강해지고, 교회가 강해짐으로써 교회와 세상을 다스리게 된다고 주장하였습니다. 또한 어떤 신교의 신학자들은 하나님 나라를 이와 유사하게 해석하여, 하나님 나라를 보이지 않는 진정한 의미의 교회와 동일시하였고, 진정한 의미에서 교회의 실체화 된 형태는 '그리스도인들이 주일날 모여 예배 드리는 곳'이라고 주장하고 있습니다. 이런 주장을 하는 사람들은 교회가 가르치는 복음이 전 세계에 전파될 때 하나님의 나라가 확장된다고 말합니다.

그들은 세상을 땅 끝까지 복음이 전파되어야 될 대상으로 보고 교회가 그 일을 감당하여야 한다고 말합니다. 그렇게 복음이 세상 끝까지 전파됨으로 인해 죄악 세상은 하나님 나라로 변한다는 것이 그들의 신념입니다. 그들은 또한 복음 자체가 예수 그리스도의 구원을 인간에게 가져다주는 초자연적인 힘을 갖고 있다고 믿으며 하나님 나라는 교회가 이 복음 전파를 감당함으로써 이 땅에서의 현재적 구원이 가능케 된다고 믿습니다. 그렇게 될 때 인간관계에서 생기는 제반 문제들이 해결되고 결국은 전 세계로 구원의 역사가 퍼져 나간다고 믿습니다. 이런 주장을 하는 사람들은 하나님 나라에 대한 예수님의 누룩 비유처럼 조그만 양의 누룩이 퍼져 빵 전체가 부풀듯이 복음이 세계 전체를 하나님 나라로 부풀게 하고 그 마지막은 바로 이 세상이 하나님 나라로 변한다고 합니다. 그렇기 때문에 빵이 서서히 부풀듯이 세상도 하나님 나라로 서서히 변한다고 생각합니다. 그리고 그렇기 때문에 그들이 세상을 바라보는 시각도 희망적입니다.

다른 한 무리의 사람들은 하나님 나라를 인간이 도달할 수 있는 이상적인 인간 사회로 생각합니다. 이렇게 생각하는 사람들은 인간의 개인적인 구원에 관심을 두기보다는 인간의 사회적 구원 차원에 관심을 둡니다. 그 결과 그들은 자신들이 소속된 사회에서 가난과 병과 노동의 불균등 문제에 뛰어들며 정의 사회의 구현을 위해 노력합니다. 그들은 교회의 할 일은 이 땅에 하나님 나라를 세우는 것이라고 말합니다.

여러분들 중에서 하나님 나라에 대한 다양한 주장들에 대한

보다 깊은 공부가 필요하신 분들은 「하나님 나라에 관한 중요한 문제들」[Crucial Questions About the Kingdom of God Grand Rapids: Eerdmans, 1952(성광문화사, 1982)]이라는 책을 참조하시기 바랍니다.

하나님 나라에 대한 이와 같이 다양한 해석들을 놓고 고심하다가 결국 "그러면 이젠 성경으로 돌아가서 해석하여 봅시다"라는 주장도 나오게 되었습니다. 그러나 성경을 찾아보아도 별 뾰족한 수가 없습니다. 왜냐하면 성경도 하나님 나라에 대해 다양한 설명을 하고 있기 때문입니다. 만일 당신이 성경 용어 사전을 열어 하나님 나라라고 하는 부분에 기재된 여러 성경 구절들을 찾아봄으로써 하나님 나라에 대한 이해를 시도하려고 한다면 그 결과 당신은 더 혼동 가운데 있게 될 것입니다.

하나님의 말씀인 성경에서는 하나님 나라를 현재 각자가 경험할 수 있는 영적 실체로 기록하고 있습니다. "하나님의 나라는 먹는 것과 마시는 것이 아니요 오직 성령 안에서 의와 평강과 희락이라"(롬 14:17). 의와 평강과 희락은 성령의 열매이며 하나님께서 자신의 삶을 성령의 지배하에 놓은 사람들에게 주시는 것입니다. 이러한 열매들은 영적 생활의 깊은 샘에서 솟아나오는 샘물과 같은 것으로 사도 바울은 뒤의 구절에서 이러한 영적 상태가 바로 하나님 나라라고 말하고 있습니다.

또한 하나님 나라는 예수님께서 재림하실 때 그분의 백성들에게 수여되는 유업이기도 합니다. "그 때에 임금이 그 오른편에 있는 자들에게 이르시되 내 아버지께 복 받을 자들이여 나아와 창세로부터 너희를 위하여 예비된 나라를 상속하라"(마

25:34). 그렇다면 어떻게 하나님 나라가 현재에 개인이 누릴 수 있는 영적인 상태이면서 또한 예수 그리스도의 재림 시에 받을 수 있는 유업일 수가 있을까요?

성경은 하나님 나라를 예수 그리스도와 그의 제자들이 들어갈 수 있는 어떤 영역으로 표시하기도 합니다. 바울은 하나님께서 "우리를 흑암의 권세에서 건져내사 그의 사랑의 아들의 나라로 옮기셨으니"(골 1:13)라고 말하고 있습니다. 이 말은 구원받은 자는 이미 하나님 나라 안에 있다는 말입니다. 여러분 중에서는 아들의 나라가 어떻게 하나님 나라와 동일한지에 대해 의문을 제기하는 분들도 있을 줄로 생각합니다. 성경은 하나님 나라와 하나님 아들의 나라를 동일시하고 있습니다(엡 5:5, 계 11:15). 또한 예수님께서는 자신의 메시지인 하나님 나라의 복음을 받아들이는 사람마다 하나님 나라에 현재 들어가 있다고 말씀하시고 계십니다(눅 16:6).

이와 동시에 하나님 나라는 예수님 재림 때에 믿는 자들이 들어갈 미래의 영역이기도 합니다. 사도 바울은 미래 영역적 개념의 하나님 나라를 고대하여 "우리 주 곧 구주 예수 그리스도의 영원한 나라에 들어감을 넉넉히 너희에게 주시리라"(벧후 1:11)고 말합니다. 예수님도 다음과 같은 표현을 사용하심으로써 하나님 나라를 미래적 사건으로 보신 적이 많으십니다. "또 너희에게 이르노니 동서로부터 많은 사람이 이르러 아브라함과 이삭과 야곱과 함께 천국에 앉으려니와"(마 8:11).

또 예수님께서는 "인자가 그 천사들을 보내리니 저희가 그 나라에서 모든 넘어지게 하는 것과 또 불법을 행하는 자들을 거두어 내어 … 그 때에 의인들은 자기 아버지 나라에서 해와 같이 빛나리라"(마 13:41, 43)는 표현을 통해 하나님 나라가 미래에 도래할 나라요, 많은 의인들이 하나님 아버지와 함께 영광을 나누는 나라임을 설파하셨습니다. 그런가 하면 이와 반대로, 하나님 나라가 언제 오게 될 것인가 하는 바리새인들의 질문에 예수님께서는 "하나님의 나라는 볼 수 있게 임하는 것이 아니요 또 여기 있다 저기 있다고도 못하리니 하나님의 나라는 너희 안에 있느니라"(눅 17:20-21)라고 대답하심으로써 하나님 나라는 현재의 내적 임재라고도 하셨습니다. 이 말씀으로 보건대, 하나님의 나라는 이미 믿는 사람들 가운데 있습니다. 눈으로 볼 수 있는 하나님 나라의 도래가 이스라엘 땅에 이루어지기를 바라는 바리새인들은 예수님의 이러한 대답에 실망하였을 것이 분명합니다.

하나님 나라에 관한 예수님의 비유를 살펴보면 하나님 나라는 현재성이 있어서 현재 세상에 역사하는 나라임을 알 수 있습니다. 예수님은 하나님 나라가 마치 작은 겨자씨 한 알과 같다고 말씀하실 때와 가루 서 말을 전부 부풀게 한 누룩과 같다고 말씀하실 때 현재형 동사를 쓰셨습니다. 반면에 빌라도가 예수님을 심문하였을 때 예수님께서는 "내 나라는 이 세상에 속한 것이 아니라"(요 18:36)고도 말씀하셨습니다. 성경 안에서도 하나님의 나라에 대한 언급이 이렇게 서로 상반되다 보니 신학자들이 하나님 나라에 대한 자기 나름대로의 해석들을 내리는 것은 당연한 귀결인지도 모르겠습니다. 그러나 자기 주장을 뒷받침하여 줄 수 있는 성경 구절만 선별하여 자신의 주장이 옳다고 고수하는 태도는 옳지 않다고 생각합니다. 하나님 나라는 현재적 실체이면서(마 12:28) 또한 미래적 축복입니다(고전 15:50). 하나님 나라는 다시 태어난 자들만이 경험할 수 있는(요 3:3) 영적인 내적 축복이면서(롬 14:17) 또한 이 세상 나라의 통치와도 관련이 있습니다(계 11:15). 하나님 나라는 사람들이 실제로 들어갈 수 있는 현재적 영역이면서 또한 나중에 들어갈 수 있는 미래적 영역이기도 합니다(마 8:11). 하나님 나라는 믿는 자에게 상속되는 미래적 축복의 나라이면서(눅 12:32) 또한 현재에 믿는 자들이 누릴 수 있는 나라이기도 합니다(막 10:15). 이러한 하나님 나라의 다양성과 풍요로움 때문에 하나님 나라에 대해 명쾌한 해석을 내리는 것은 쉬운 일이 아닙니다.

만일 하나님 나라에 대한 여러 해석들을 구조 조정하여 하나님 나라를 올바로 이해한다면 우리는 이로부터 엄청난 보화를 취득할 수 있다고 저는 믿습니다. 이 '하나님 나라에 대한 올바른 해석과 이해'라고 하는 보화 창고의 문을 열 수 있는 열쇠를 찾기만 한다면 우리에게 실질적으로 떨어지는 축복은 대단합니다. 그렇다면 어디에 이 난해한 해석을 푸는 열쇠가 있을까요? 이 열쇠는 '나라'(kingdom)에 대한 고대적 해석과 현대적 해석의 차이로 인해 지금껏 발견되지 못했습니다. 그러나 하나님 나라의 올바른 이해를 가능케 할 방법은 있습니다.

하나님 나라에 대한 올바른 이해를 하기 위해서는 먼저 '하나님 나라'라는 말에서 '나라'라는 말의 정확한 의미는 무언인가라는 질문부터 던져야 합니다. 이 질문에 대한 현 서구사회의 대답은 고대 성경 해석학자들의 대답과는 다릅니다. 현 서구사회에서는 '나라'란 왕이 그의 주권을 행사할 수 있는 영역으로 봅니다. 과거 대영제국을 살펴봅시다. 영국 여왕은 여러 나라들을 다스렸고 이 나라를 대영제국(United Kingdom of Great Britain)이라고 불렀습니다. 영국 여왕이 다스리는 영역들이 모두 그의 나라에 포함되었습니다. 이와 맥락을 같이하여 현대 사전들은 나라를 왕의 통치 영역이라고 해석하는 경우가 많이 있습니다. 그 다음으로 많은 경우는 나라를 나라에 소속된 백성들의 개념에 우선을 두고 해석하는 경우입니다. 가령 대영제국이란 영국 여왕의 통치권이 미치는 모든 사람들을 지칭한다고 보는 경우입니다.

나라를 영역으로만 보는 경우와 백성으로만 보는 경우가 성경의 하나님 나라에 대한 해석을 혼동으로 몰아왔습니다. 대부분의 영어 성경 사전들은 하나님 나라를 '하나님을 머리로 하는 현재적이요, 영적인 통치 영역'이라고 정의를 내립니다. 이러한 정의는 하나님 나라가 인간이 볼 수 있는 실제적 영광과 능력으로 임한다고 하는 성경 구절을 무시하고 내린 정의입니다. 또한 이러한 정의는 하나님 나라란 앞으로 예수님 재림 시 도래할 미래적 개념의 나라라고 주장하는 사람들의 요구도 만족시켜 줄 수 없는 정의입니다. 한편 하나님 나라를 그 나라의 백성으로만 보려고 하는 경우는 교회와 하나님 나라를 동일시하는 구교의 사람들과는 상반된 주장을 편 것이라고 할 수 있습니다.

결국 하나님 나라에 대한 이러한 현대적 성경 해석은 하나님 나라에 대한 이해를 혼동 속으로 몰아갈 뿐입니다. 그러나 웹스터 사전(Webster's dictionary)은 나라에 대해 비교적 바른 해석인 '지위, 상태, 왕의 속성, 권위, 통치, 군주권' 등의 고전적 해석을 하고 있습니다. 현대적 언어해석학 관점에서 본다면 이러한 해석법은 옛날 해석법이라고 할 수 있을 것입니다. 그러나 수천 년 전에 쓰여진 성경의 단어들을 해석하기 위해서는 옛 해석법이 더 좋습니다. 고대 히브리어로 된 구약성경에서 나라는 '말쿠스'(malkeuth)로 쓰여져 있고, 헬라어로 된 신약성경에서는 '바실레이아'(basileia)라고 쓰여져 있는데, 이 두 단어 모두 왕이 행사하는 지위, 권위, 주권이라는 의미를 갖고 있습니다. 바실레이아라는 단어에 백성과 통치 영역이라는 개념이 포함된 것은 사실이지만 이는 보조 의미일 뿐이며 주된 의미는 역시 왕이 행사하는 통치 또는 통치권의 의미를 갖고 있습니다. 그러므로 무엇보다 더 먼저, 하나님의 나라는 왕이 다스리는 주권으로 이해하는 것이 가장 좋습니다.

'나라'(kingdom)라는 낱말에 대한 이러한 해석은 구약성경에 가장 잘 적용됩니다. 에스라서 8장 1절을 보면 아닥사스다 왕의 통치 시기에 바벨론 포로의 귀환에 대한 서술이 시작되는데 여기서 아닥사스다의 나라를 통치로 해석하고 있습니다. 또한 역대하 12장 1절에 보면 "르호보암이 나라가 견고하고"라는 말이 나오는데 여기서 나라 역시 '통치'(rule)로 해석되고 있습니다. 다니엘서 8장 23절에도 나라라는 말을 통치라는 개념으로 쓰고 있습니다. '나라'에 대한 이런 식의 해석들은 예레미야 49장 34절, 열왕기하 11장 17절, 12장 1절, 26장 30절, 에스라 4장 5절, 느헤미야 12장 22절 등에서 발견되어집니다.

구약성경에서 하나님의 나라라는 단어는 항상 그분의 통치(reign), 다스림(rule) 또는 주권(sovereignty)이라는 의미로 쓰였지 영역(realm)으로 쓰이지 않았습니다. 시편 103편 19절에 나오는 '정권'이라는 단어는 히브리어로 '말쿠스'(malkuth)라고 했는데 이는 하나님의 나라를 가리키며 통치라는 개념으로 쓰였습니다. 그러므로 "여호와께서 그 정권으로 만유를 통치하시도다"라는 말은 그분의 나라가 만유(universe)에 영원할 것이라는 말입니다.

시편 145편 11절의 "저희가 주의 나라의 영광을 말하며 주의 능을 일러서"라는 표현에서 주의 '나라'와 '능'이라는 말은 평행적 대구를 이루며 둘 모두 통치라는 의미를 갖고 있습니다. 그분의 나라는 그분의 능(권세, 통치권)과 동의어입니다. 시편 145편 13절의 "주의 나라는 영원한 나라이니 주의 통치는 대대에 이르리이다"라는 표현에서도 '나라'와 '통치'는 같은 동의어격으로 쓰였습니다. 다니엘서 2장 37절의 "왕이여 왕은 열왕의 왕이시라 하늘의 하나님이 나라와 권세와 능력과 영광을 왕에게 주셨고"라는 구절에서도 권세, 능력, 영광이라는 단어가 나라라는 단어와 동의어로 사용되었음을 알 수 있습니다. 즉 이 단어들은 모두 왕의 주권을 나타내는 단어입니다. 이러한 단어들은 하나님이 왕에게 허락한 통치라는 의미와 동일합니다.

또 다른 곳을 살펴봅시다. 다니엘서 5장 26절에는 "그 뜻을 해석하건대 메네는 하나님이 이미 왕의 나라의 시대를 세어서 그것을 끝나게 하셨다 함이요"라는 구절이 나옵니다. 이 구절에서 하나님께서 벨사살 왕의 나라가 끝나게 하셨다고 하였는데 이 말은 벨사살 왕이 다스리던 나라의 영역이 없어진다는 뜻이 아닙니다. 벨사살 왕의 통치하에 있던 백성과 영역은 그대로 있고 그 왕의 통치가 끝나고 메대 사람 다리오에게로 왕권이 이어진다는 말입니다(단 5:31).

신약성경으로 가 봅시다. 먼저 누가복음 19장 11-12절을 살펴보면 "저희가 이 말씀을 듣고 있을 때에 비유를 더하여 말씀하시니 이는 자기가 예루살렘에 가까이 오셨고 저희는 하나님의 나라가 당장에 나타날 줄로 생각함이러라 가라사대 어떤 귀인이 왕위를 받아가지고 오려고 먼 나라로 갈 때에"라고 기록되어 있습니다. 귀인이 먼 나라로 떠나는 이유는 자신이 멀리 있는 다스릴 지역으로 가기 위해서가 아닙니다. 귀인이 통치하고자 하는 영역은 바로 그가 출발한 영토였습니다. 현재는 그 귀인이 왕이 아니므로 자신이 속해 있는 곳을 다스릴 수 있는 통치권이 필요했기 때문에 통치권을 얻기 위해 길을 떠난 것입니다. 그는 왕으로서의 권세를 가지려고 길을 떠난 것입니다.

이와 동일한 사건이 예수님 시대 바로 전에 일어난 적이 있었습니다. 기원전 40년의 팔레스타인 지역의 정치적 상황은 혼란했습니다. 로마 제국은 이스라엘을 기원전 63년에 정복하였지만 정치적 안정은 먼 상태에 있었습니다. 그때 헤롯 대왕은 자신이 로마 의회로부터 유대 지역에 사는 유대인들의 왕으로 인정받기 위해 로마로 길을 떠났습니다. 예수님은 귀인의 비유를 말씀하실 때 이 사건에 관해 이미 알고 계셨을 것입니다. 이 귀인의 비유는 하나님 나라에 대한 의미를 근본적으로 설명하여 주는 비유입니다.

하나님 나라는 그분의 왕 되심이요, 통치요, 권세입니다. 우리가 이러한 사실을 깨달은 이상 신약성경 여러 곳에서 '하나님 나라'라는 어구가 동일 의미로 쓰여진 구절들을 찾기란 어려운 일이 아닙니다. 가령 마가복음 10장 15절에서 예수님께서는 "누구든지 하나님의 나라를 어린 아이와 같이 받들지 않는 자는 결단코 들어가지 못하리라"고 말씀하셨습니다. 무엇을 받아들인다고 했습니까? 교회입니까? 천국(Heaven)입니까? 아닙니다. 우리가 받아들여야 하는 것은 그분의 통치입니다. 하나님 나라의 미래적 영역 안으로 들어가기 위해서 우리는 먼저 자신을 하나님의 통치에 온전히 내어 맡기되 '지금 여기에서'(here and now) 맡겨야 합니다. "먼저 그의 나라와 그의 의를 구하라"는 마태복음 6장 33절의 말씀에서도 마찬가지입니다. 우리가 구하는 나라는 교회입니까? 천국입니까? 아닙니다. 우리는 하나님의 의, 그분의 통치 그리고 그분이 우리의 삶을 주관케 하심을 구하여야 합니다.

또 살펴봅시다. 우리가 주님께서 가르쳐 주신 기도를 할 때에, "나라이 임하옵시며"라고 기도하는데 이 말은 '저 위에 있는 천국이 이 땅으로 내려오게 해 주십시오'라는 말입니까? 물론 그렇게 해석할 수도 있습니다. 그러나 여기서 말하는 나라는 지금 현재 우리의 삶 속에서 하나님의 통치가 완전히 이루어지게 해 달라는 말입니다. 하나님의 통치가 없는 하나님 나라는 더 이상 하나님 나라가 아닙니다. 그러므로 우리는 "나라이 임하옵시며 뜻이 하늘에서 이룬 것 같이 땅에서도 이루어지이다"라고 기도하는 것입니다. 이 기도는 각자의 삶 속에 하나님의 통치가 이루어지도록 요청하는 기도요, 그분의 왕적인 주권과 권세가 개인의 삶을 통해 나타나게 해 달라는 기도요, 그분의 의로운 통치로 인해 악들이 더 이상 나를 지배하지 않게 해 달라는 기도입니다. 그렇게 될 때 하나님만이 온 세상을 지배하는 유일한 왕이 되는 것입니다.

주권이 미치는 영역이 없는 통치는 그 의미를 상실합니다. 그러므로 우리는 하나님 나라는 또한 그분의 통치가 발휘되어지는 영역이어야 한다는 사실을 알 수 있습니다. 그러나 성경적 실제는 그렇게 단순하지만은 않습니다. 성경은 때론 하나님 나라를 우리가 현재 들어갈 수 있는 곳으로 나타내는 구절도 있고 미래에 들어갈 곳으로 나타내는 구절도 있는 것이 사실입니다. "만일 네 눈이 너를 범죄케 하거든 빼어버리라 한 눈으로 하나님의 나라에 들어가는 것이 두 눈을 가지고 지옥에 던지우는 것보다 나으니라"(막 9:47). 또한 마가복음 10장 23절, 마가복음 7장 21절을 참조하십시오. 이 구절들은 하나님 나라를 예수님 재림 후에 우리가 들어가는 곳으로 표현합니다.

반면 누가복음 16장 16절에서는 하나님 나라를 현재라는 시간에서 들어갈 수 있는 영역으로 표시했습니다. 또한 마태복음 21장 31절의 다음 말씀을 봅시다. "그 둘 중에 누가 아비의 뜻대로 하였느뇨 가로되 둘째 아들이니이다 예수께서 저희에게 이르시되 내가 진실로 너희에게 이르노니 세리들과 창기들이 너희보다 먼저 하나님의 나라에 들어가리라." 또한 누가복음 11장 52절을 봅시다. "화 있을찐저 너희 율법사여 너희가 지식의 열쇠를 가져가고 너희도 들어가지 않고 또 들어가고자 하는 자도 막았느니라 하시니라." 위의 두 구절은 하나님 나라를 현재적 영역으로 해석하고 있습니다.

결국 우리는 다음과 같이 말할 수 있습니다. 성경은 하나님의 나라에 대해 다음 세 가지 의미를 포함하고 있음을 알 수가 있습니다. (1) 하나님 나라는 통치이다. (2) 하나님 나라는 현재 들어감으로 축복을 받을 수 있는 영역이다. (3) 하나님 나라는 예수님의 재림 후에 들어갈 수 있는 하나님의 완전한 통치 영역이다. 성경에서 하나님 나라라는 말이 기록된 각각 구절들은 위의 세 경우들 중 한 경우를 나타내고 있습니다.

지금까지 살펴본 것을 토대로 하여 우리는 최소한 다음과 같이 말할 수 있습니다. "하나님 나라는 하나님의 주권적 통치를 뜻합니다. 그러나 하나님의 통치는 그분의 인간을 향한 구속사(redemptive history)에 따라 몇 단계로 나누어 표현할 수 있습니다." 그러므로 인류는 하나님의 통치 영역 속에 들어갈 수 있고 하나님 나라가 나타나는 단계에 따라 하나님의 축복을 경험하는 단계에 닿을 수 있습니다. 하나님 나라는 다가올 예수님 재림 후의 시대(the age of come)에 누릴 수 있는 천국입니다. 그곳에서 우리는 하나님 나라의 통치를 온전히 누리는 행복을 맛볼 수 있습니다. 그러나 하나님 나라는 지금 여기(here and now)에 있습니다. 이것은 우리가 오늘 들어갈 수 있는 영적인 영역으로서 누구든 구원을 얻으면 그곳에 들어가 하나님 나라의 통치를 경험하는 행복을 지금 맛볼 수 있습니다.

우리는 "나라이 임하옵시며 뜻이 하늘에서 이룬 것 같이 땅에서도 이루어지이다"라고 기도합니다. 이 기도를 함으로 우리는 언젠가는 예수님이 재림하셔서 이 어두운 세상으로부터 우리를 구원할 것이라는 소망을 가집니다. 또한 이 세상을 버티어 나갈 힘을 얻습니다. "나라이 임하옵시며"라는 기도는 하나님 나라가 이루어지되 '지금 이곳에서' 이루어진다고 믿고 간구하는 기도입니다. 제가 이 책을 쓴 그 첫 번째 목적은 여러분들이 이 땅에 살면서 순간마다 하나님 나라를 경험하시기를 바라는 마음에서입니다.

우리는 또한 교회에서 "하늘나라가 이루어지게 하소서"라고 기도해야 합니다. 그리고 교인들과의 교제에서 "천국을 경험하게 하소서"라고 기도해야 합니다. 또 "일상의 삶 속에서 하나님 나라를 경험하게 하소서"라고 기도해야 합니다. 즉 "당신의 나라가 하늘에서 이루어진 것 같이 지금 이 땅에 사는 나의 삶 속에 하나님 나라가 이루어지게 하여 주십시오"라고 기도해야 합니다. 이것이 주기도문의 하나님 나라 부분에 대한 핵심 사항입니다. 또한 하나님 나라의 복음의 중요한 한 부분이기도 합니다.

다가올 하나님 나라

제1장에서 하나님 나라에 대한 해석을 시도하였습니다. 하나님 나라는 하나님의 통치이며 하나님의 주권입니다. 이 주권은 행사할 수 있는 실제적 주권입니다. 하나님의 주권은 미래에 도래할 온전한 하나님 나라에서도 행사되지만 지금 우리가 사는 이 세상에서도 행사됩니다. 하나님의 통치는 앞으로 올 것이며 동시에 지금 이 세상에도 존재합니다. 그리고 우리가 이러한 하나님 나라의 현재적 영역과 미래적 영역으로 들어가게 되면 우리는 하나님의 통치 안에 있을 때에 누릴 수 있는 축복들을 그대로 받게 됩니다. 그러므로 하나님 나라는 하나님의 뜻을 깨닫고 그분의 축복 속으로 들어가는 것이라고 말할 수 있습니다.

이 세대(이 세상)에서는 하나님의 뜻을 완전하게 깨달을 수 없습니다. 이 세상에서는 하나님의 뜻을 옛날 조상들이 사용했던 구리거울에 자신의 얼굴을 비쳐 보는 것처럼 희미하게 깨달을 뿐입니다. 그러나 성경은 주님께서 미래의 어느 날 다시 오심을 분명히 말해 주고 있습니다. 성경 신학자 슈바이처 박사는 재림에 대해 다음과 같이 말한 적이 있습니다. "예수의 재림으로 하나님 나라가 도래한다는 성경의 가르침은 성경 구성의 핵심요소이다. 성경은 인간 역사의 끝이 하나님의 주권적인 역사에 의해 도래한다고 가르친다. 예수의 재림으로 인해 우리가 장차 경험하게 될 새 나라는 지금의 세상과는 차원이 다른 나라이다. 이 새 나라는 역사를 뛰어넘은 차원의 나라이다." 슈바이처 박사의 이러한 말은 우리의 주장에 견주어 보면 반 정도만 맞다고 할 수 있습니다. 예수님이 이 땅에 육신을 입고 오셨으므로 우리는 이미 하나님의 주권과 통치와 그분의 나라 안에 들어와 있습니다. 그러므로 우리는 하나님 나라의 축복을 지금 여기서 누릴 수가 있는 것입니다.

예수님은 이 세상을 두 번에 걸쳐 오십니다. 예수님의 처음 오심은 지금으로부터 이천 년 전에 이미 이루어졌습니다. 그때에 예수님께서는 육신을 입으시고 종의 모양으로 오셨습니다. 예수님의 두 번째 오심은 장차 영광과 권능을 가지시고 왕의 모양으로 오심입니다. 그러므로 하나님 나라의 도래도 두 번에 걸쳐 이루어집니다. 한 번은 이천 년 전에 주님과 함께 온 하나님 나라이고 두 번째는 예수님 재림 시 능력과 영광 가운데 장차 도래할 하나님의 나라입니다.

이번 장에서는 장차 올 하나님 나라에 관하여 성경이 말하고 있는 바를 살펴보도록 하겠습니다. 그러나 제3장부터 마지막 장까지는 현존하는 하나님 나라와 그에 관계된 것들을 살펴봄으로써 여러분이 현존하는 하나님 나라 안에서 온전히 누릴 수 있는 축복을 만끽하도록 도와드릴 것이며, 여러분 자신을 하나님의 통치하에 내어 맡기게끔 도와드릴 것입니다.

우선 하나님 나라가 어떻게 현재적이면서 미래적인지를 알아봅시다. 많은 사람들이 이 세상은 육신을 입고 사는 불완전한 땅이요, 저 세상은 완전한 하늘나라라고 믿고 있습니다. 그리고 이 세상에서의 몸의 상태와 저 세상에서의 몸의 상태는 틀리다고 알고 있습니다. 현재의 삶은 시간 개념이 있는 삶이요, 저 세상에서의 삶은 시간 초월적인 삶으로 믿고 있습니다. 여기서 우리의 생각은 땅과 하늘, 이 세상과 저 세상, 시간 속과 시간 초월 등의 이분법적인 사고의 틀 안에 있음을 알 수 있습니다. 우리의 이 세상과 저 세상에 대한 시간 불연속적인 생각은 주님의 승리의 나팔이 울려 퍼지면 우리는 영원한 아침을 맞게 된다고 노래한 찬송가에 나타나 있습니다.

신학자 오스카 쿨만(Oscar Cullmann)은 「그리스도와 시간」[Christ and Time, Philadelphia: Westerminster, 1950(나단, 1987)]이라는 그의 책에서 이러한 두 세상과의 시간 불연속적인 개념은 성경에서 말하고 있는 바가 아니라고 주장합니다. 그는 성경적 시간 개념은 성경을 저술한 사람들의 시간 개념과 동일하고 성경의 시간 개념은 일직선적인 시간 개념이며 이에 따라 예수님 재림 후의 시간도 이 세상의 시간과 일직선상에 놓여 있다고 주장합니다. 저도 쿨만 박사의 주장에 동조합니다. 실제로 흠정역(King James Version) 성경에서는 헬라어 성경에서는 구별되어 있는 코스모스(kosmos, 세상)와 아이온(aion, 세대)이라는 서로 다른 의미를 나타내는 두 단어를 세상(world)이라는 단어로 통합 번역하는 잘못을 범하고 있습니다. 코스모스라는 단어의 뜻은 조화, 잘 정돈됨, 기분 좋게 정리되어 있다는 뜻의 명사형 단어입니다. 영어의 화장품(코스메틱스, cosmetics)이라는 단어가 바로 헬라어의 코스모스에서 파생된 단어입니다. 이는 여자가 화장품을 얼굴에 바르면 얼굴이 잘 정돈되고 조화되어 아름답게 보이기 때문에 파생된 것 같습니다. 코스모스라는 말은 원래 우주의 각 구성체들이 잘 정돈되어 돌아가는 우주를 일컫는 말입니다. 신약성경에서 세상으로 번역된 다른 하나의 단어는 아이온입니다. 아이온은 원래 일정 기간을 말하는 단어인데 영어의 이온(aeon, 아주 긴 시간, 영겁의 시간)이 아이온(aion)에서 파생된 말이며 그에 해당되는 영어 단어는 에이지(age, 시대, 세대)입니다.

그럼 이제는 이 세상과 예수님 재림 후의 세상을 구별하는 경우를 성경에서 찾아봅시다. 마태복음 12장 32절을 보면 "또 누구든지 말로 인자를 거역하면 사하심을 얻되 누구든지 말로 성령을 거역하면 이 세상과 오는 세상에도 사하심을 얻지 못하리라"라고 되어 있습니다. NIV(New International Version) 성경을 보면 위 성경 구절의 '이 세상'을 '이 세대'(this age)로, '오는 세상'을 '올 세대'(the age to come)로 기록하고 있는데, 여기에 해당되는 헬라 원어가 바로 아이온(세대)입니다. 예수님께서 이 구절을 말씀하실 때 다른 두 세상을 표현한 것이 아니고 다른 두 시간(또는 세대)을 표현하셨음을 여러분께서 이제 이해하셨을 것입니다. 그러나 다른 몇 영어 성경들과 한글 개역 성경에서는 이 아이온이라는 단어를 '세상'으로 잘못 번역하였습니다. 위 구절을 올바로 번역해 본다면, 성령을 훼방한 자는 두 세대에 걸쳐서 용서받지 못한다는 말이 되겠습니다.

다른 예를 살펴봅시다. 에베소서 1장 21절에서 사도 바울은 하나님께서 예수님의 이름을 "모든 정사와 권세와 능력과 주관하는 자와 이 세상뿐 아니라 오는 세상에 일컫는 모든 이름 위에 뛰어나게" 하셨다고 말하였습니다. 이 구절에서 '이 세상'과 '오는 세상'의 '세상'에 해당하는 헬라어가 바로 아이온입니다. 그러므로 '이 세대', '오는 세대'가 더 정확한 번역입니다. 이 구절에서 바울은 세상이 아닌 시간을 염두에 두고 아이온이라는 단어들을 구사하였던 것입니다.

마가복음 10장 29-30절 말씀을 살펴봅시다. "예수께서 가라사대 내가 진실로 너희에게 이르노니 나와 및 복음을 위하여 집이나 형제나 자매나 어미나 아비나 자식이나 전토를 버린 자는 금세에 있어 집과 형제와 자매와 모친과 자식과 전토를 백배나 받되 핍박을 겸하여 받고 내세에 영생을 받지 못할 자가 없느니라." 여기에 나오는 '내세'라는 말은 '올 세대'라는 말이며 '내세'의 헬라어에 아이온이라는 단어가 포함되었습니다. '금세'라는 말은 지금 세대라고 해석되며 헬라어의 카이로스(kairos)라는 단어가 들어 있습니다. 카이로스라는 말은 시간(time)이라는 뜻입니다. 그러므로 이 단어가 힌트가 되어 금세는 지금 세상이 아니고 시간 개념을 포함하는 지금 세대임을 더 확실히 알 수 있습니다. 그러므로 위 구절의 의미는 다음과 같습니다. "이 시간(금세)에 사는 그리스도인들은 세상 사람들의 핍박을 받을 수밖에 없습니다. 그러나 앞으로 다가올 시간(내세)에는 그러한 핍박이 없고 기쁨만이 영원할 것입니다."

우리가 이 두 세대에 대한 문제를 좀 더 살펴보면 이 두 세대는 어떤 사건으로 인해 구별되어짐을 알 수 있습니다. 그 두 사건은 바로 그리스도의 재림과 죽은 자의 부활입니다. 마태복음 24장 3절에 "예수께서 감람산 위에 앉으셨을 때에 제자들이 종용히 와서 가로되 우리에게 이르소서 어느 때에 이런 일이 있겠사오며 또 주의 임하심과 세상 끝에는 무슨 징조가 있사오리이까"라고 묻는 장면이 나옵니다. 이 구절에 나오는 '세상 끝'이란 말에서 '세상'에 해당하는 헬라어는 코스모스가 아니고 아이온입니다. 그러므로 이 구절로 인해 우리는 이 시대의 끝에는 예수님의 재림과 이 시대의 종말이 그 때를 같이하고 그 후에는 다른 시대가 도래함을 알 수 있습니다.

예수님의 재림과 아울러 두 시대를 구분 짓는 다른 하나의 사건은 죽은 자들의 부활입니다. 누가복음 20장 34-36절을 살펴봅시다. "예수께서 이르시되 이 세상의 자녀들은 장가도 가고 시집도 가되 저 세상과 및 죽은 자 가운데서 부활함을 얻기에 합당히 여김을 입은 자들은 장가가고 시집가는 일이 없으며 저희는 다시 죽을 수도 없나니 이는 천사와 동등이요 부활의 자녀로서 하나님의 자녀임이니라." 이 구절에서 '이 세상'과 '저 세상'이라는 말이 나오는데 실은 '이 세대'와 '저 세대'가 맞는 번역입니다. '이 세대'(this age)에는 결혼이라는 것이 있고 이 세대의 자녀들은 시집도 가고 장가도 갑니다. 그러나 '올 세대'(the age to come)에서는 부활이 바로 결혼식에 속합니다. 죽은 자들이 부활하여 재림 예수를 신랑으로 맞이하는 것입니다. 그 후에 이어질 올 세대에서는 예수님을 믿는 우리는 천사처럼 더 이상 죽지도 않고 부활의 아들들이 되어 영원히 주와 함께 살아가는 것입니다. 그러므로 예수님의 재림과 아울러 죽은 자들의 부활이 '이 세대'와 '올 세대'를 구분 짓는 두 사건이라고 말할 수 있습니다.

우리는 이러한 일련의 시대들과 사건들을 다음과 같은 단순한 도식으로 표시할 수 있는데 저는 이 도식을 '대립하는 두 세대'라고 명명하고 싶습니다.

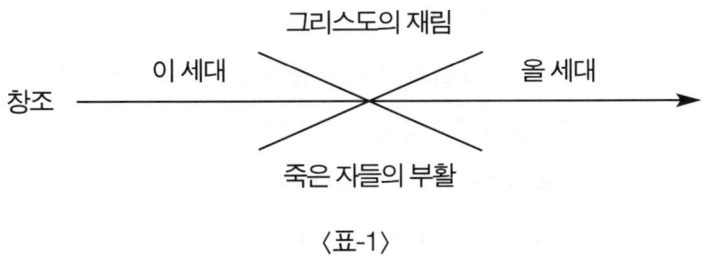

〈표-1〉

지금 이 세대는 창조로부터 시작되었으며 예수님의 재림으로 끝이 납니다. 그러나 올 세대는 끝이 없이 영원토록 지속됩니다. 그러므로 우리는 올 세대를 '영원'(eternity)이라고 부를 수 있습니다. 즉 시간이 끝없이 지속된다는 말입니다. 위 도식에서 보듯이 시간의 직선적인 개념은 신약성경 기자들에게서 발견됩니다. 그리고 이들의 시간에 대한 개념은 구약의 역사관에 그 근거를 두고 있습니다.

이 세대는 악과 거짓이 가득한 세대요, 하나님의 뜻에 거역하고 애쓴 세대입니다. 그러나 '올 세대'는 악과 거짓이 없는 하나님 나라의 세대입니다. 그러므로 이 두 세대는 서로 대립적인 관계에 있다고 말할 수 있습니다. 갈라디아서 1장 4절을 보면 "그리스도께서 하나님 곧 우리 아버지의 뜻을 따라 이 악한 세대에서 우리를 건지시려고 우리 죄를 위하여 자기 몸을 드리셨으니"라고 되어 있습니다. 이 세대는 악한 세대입니다. 이 세대의 특징은 죄와 불의입니다. 이 악한 세대에서 구원받는 유일한 길은 예수 그리스도의 죽음으로 인해서 내가 이미 구속되었다는 사실을 받아들이는 것입니다.

에베소서 2장은 이 세대가 어떠한 세대인지를 잘 설명해 줍니다. 에베소서 2장 1절과 2절을 봅시다. "너희의 허물과 죄로 죽었던 너희를 살리셨도다 그 때에 너희가 그 가운데서 행하여 이 세상 풍속을 좇고 공중의 권세 잡은 자를 따랐으니 곧 지금 불순종의 아들들 가운데서 역사하는 영이라." 여기에 나오는 '세상 풍속'이란 말의 헬라어 원어는 아이온과 코스모스라는 두 단어로 구성되어 있습니다. 그러므로 "세상 풍속을 좇고"라는 말을 있는 그대로 번역하면 '세대 세상을 좇고' 라고 해야 합니다. 세상과 세대라는 말이 같이 쓰여진 것으로 보아서 우리는 세상과 세대라는 말이 동의어는 아니지만 서로 관련이 있는 단어임을 알 수가 있습니다. 이 세대는 공중 권세 잡은 자, 곧 사탄을 따릅니다. 사탄은 이 세대의 인간들이 하나님을 따르지 않고 자신을 따르도록 인간을 유혹할 수 있도록 하나님으로부터 허락을 받았습니다.

우리도 전에는 우리 육체의 욕심을 따라 지내며 육체와 마음이 원하는 것을 행하는 본질상 진노의 자녀들이었습니다(엡 2:3). 육체와 마음이 원하는 것은 죄로 연결됩니다. 육체의 욕심을 따라 산다는 것은 이기적이고, 고집이 세고, 부도덕하고, 술 취하고, 더 많이 갖고자 하고, 호색하고, 시기하고, 원수를 맺으며, 자기가 살고 싶은 대로 사는 것입니다(갈 5:19-21). 이것이 바로 이 세대의 특징입니다. 그러므로 육체의 욕심을 따라 행하면 우리는 하나님의 진노를 받을 수밖에 없습니다. 하나님의 진노는 의롭습니다. 하나님의 진노는 하나님께 반역하는 이 세대에 내려집니다. 하나님의 뜻을 거역하여 육체와 마음이 하고 싶어 하는 대로 행하며 살아 온 사람들은 하나님의 진노를 피할 길이 없습니다.

예수님의 씨 뿌리는 비유를 살펴봅시다. 어떤 씨들은 가시밭에 떨어졌습니다. 가시밭에 떨어진 씨들은 싹이 나서 어느 정도는 자라다가 주위에 있는 가시나무의 가시에 찔려서 성장이 멈추거나 죽습니다(마 13:7). 예수님께서는 이를 하나님 말씀은 듣고 받아들이나 세상의 염려와 돈의 유혹에 말씀이 막혀 결실하지 못하는 자를 뜻한다고 말씀하셨습니다(마 13:22). 이때 나오는 '세상'이라는 단어가 바로 헬라어의 아이온입니다. 이 세대에 사는 사람들은 하나님의 말씀을 뒤로하고 더 잘 먹고 더 잘살기 위해 애쓰고 있습니다. 이것이 바로 이 세대의 모습입니다. 이 세대는 돈을 많이 벌고, 육체를 즐기고, 자신의 이름을 더 많이 날리기 위해 그 끝이 하나님의 진노인 줄도 모르고 사력을 다하고 있습니다.

이 세대의 특징은 하나님의 일을 방해하는 것입니다. 이 세대의 영은 하나님을 대적합니다. 복음이 전해지면 사람들은 잠시 복음을 듣는 듯합니다. 그러나 잠깐 동안뿐입니다. 그들은 다시 이 세대의 영이 그들에게 가하는 압력에 굴복하여 육체의 욕심을 따라 살기 시작합니다. 그러므로 가시밭에 뿌린 씨가 열매를 못 맺는 것처럼 그들의 삶에 하나님 말씀을 듣고 순종한 결과로 열려야 할 열매가 열리지 않습니다. 그러므로 말씀이 계속적으로 먹혀 들어가지 않는 것은 당연한 귀결입니다. 이처럼 이 세대는 하나님의 복음에 적대적입니다. 사람들은 복음이 명하는 바 욕심의 포기라는 요구에 응하지 아니하고 이 세대의 영이 명하는 바에 따라 살아갑니다. 그러므로 이 세대와 하나님 나라의 복음은 서로 적대적일 수밖에 없습니다.

고린도후서 4장 3-4절의 말씀을 통해서 우리는 이 세대가 어떻게 돌아가고 있는지를 보다 확실히 알 수 있습니다. "만일 우리 복음이 가리웠으면 망하는 자들에게 가리운 것이라 그 중에 이 세상 신이 믿지 아니하는 자들의 마음을 혼미케 하여 그리스도의 영광의 복음의 광채가 비춰지 못하게 함이니 그리스도는 하나님의 형상이니라." 이 세상 신이 바로 사탄입니다. 하나님께서는 사탄이 이 세대에서 자신의 권세를 행사하도록 허락하셨습니다. 우리는 앞의 에베소서 구절에서 이 세상 공중 권세 잡은 자가 인간들이 이 세상 풍속(age of the world)을 좇게 유혹하는 것을 하나님으로부터 허락받았다고 피력한 적이 있습니다. 의로우신 대재판장이신 하나님 아버지께서는 사탄이 인간들에게 그러한 나쁜 영향력을 행사하도록 허락하셨습니다. 사탄은 하나님의 허락 안에서 이 세상의 신으로 행사하고 있습니다.

그렇다면 이 세대의 특징인 악, 증오, 속임, 분쟁, 죄, 불행, 고통, 죽음 같은 것들이 어디서 올까요? 그 답은 바로 사탄으로부터 나온다는 것입니다. 그렇다고 해서 인간이 자기가 지은 악에 대해 책임이 없다고 말해서는 안 됩니다. 인간은 자유 의지를 가진 인격체로서 자신이 지은 죄에 대해 책임을 지기 위해 언젠가는 하나님의 심판대 앞에 서게 됩니다. 그러나 악의 근원은 사탄입니다. 이 세대에서는 사탄이 인간을 유혹합니다. 유혹하기 위해 사탄은 자신의 초자연적 위력을 발휘합니다. 그의 힘이 크다고 해서 하나님과 사탄을 대등한 위치에 놓고 보는 이분법적 사상은 잘못된 것입니다. 하나님과 사탄, 선과 악이 존재하는 것은 분명하지만 하나님은 사탄과 비교가 안 될 정도로 더 높고 힘이 강하신 분이십니다. 단지 잠시 동안만 하나님이 사탄에게 힘을 쓰도록 허락하셨기 때문에 선이 악을 이기지 못하는 것처럼 보일 뿐입니다.

이 세상 신이 믿지 아니하는 자들의 마음을 혼미케 하여 그리스도의 영광의 복음의 광채가 비치지 못하도록 하였다는 고린도후서 4장 4절의 말씀은 이 세상 신인 사탄이 인간을 죄의 구덩이에 빠져서 못 나오도록 철저히 봉쇄한다거나 남녀가 부도덕한 삶에 평생 묶여 있도록 한다는 말이 아닙니다. 이 말은 세상 신이 예수님을 믿지 아니하는 자들의 마음의 눈을 가려서 그들이 그리스도의 영광스런 빛의 복음을 받아들이지 못하도록 하였다는 말입니다. 로마서 1장 18절을 보면 사도 바울은 사람들의 경건치 않음과 불의에 대해 말하고 있습니다. "하나님의 진노가 불의로 진리를 막는 사람들의 모든 경건치 않음과 불의에 대하여 하늘로 좇아 나타나나니." 인간의 불의의 근원은 경건치 않음(ungodliness)입니다. 죄란 하나님을 떠나는 것입니다. 죄는 처음엔 종교성이라는 허울을 쓰고 나타나다가 잘 안 먹혀 들어가면 다음엔 윤리 도덕이라는 허울을 쓰고 나타납니다. 하나님이 자신의 사랑을 부어 만든 인간은 하나님께 자신을 위탁할 때만 인간 됨의 온전한 가치를 발휘할 수 있습니다. 그러므로 인간이 하나님에게 의존적이기를 포기하는 것, 즉 그리스도 안에 계시된 하나님을 떠나는 것이 죄의 뿌리입니다(롬 1:21). 어두움은 하나님을 떠나 사는 것입니다. 이것이 바로 죄요, 또한 죄의 근원입니다.

사탄의 첫 공격 목표는 종교적인 영역에서 이루어집니다. 그의 목적은 복음을 인간이 받아들이지 못하도록 하는 것입니다.

아무리 좋은 저택에서 살아도, 아무리 훌륭한 인격을 갖고 있어도, 종교적으로 거룩하게 살아가도 예수님을 안 믿고 복음을 받아들이지 않으면서 살아가는 사람이 얼마나 많습니까? 성경은 그렇게 살아가는 사람의 마음은 눈 먼 것이라고 말하고 있습니다. 성경은 공중 권세를 잡은 사탄이 그들의 마음의 눈을 가리고 있다고 말하고 있습니다. 성경은 진실만을 말한다는 사실을 기억하십시오. 사탄의 첫 번째 목적은 사람들로 하여금 부도덕하게 살게 하거나 하나님의 존재를 부인케 하거나 종교를 핍박케 하는 것이 아닙니다. 사탄의 첫 번째 목적은 인간을 그리스도로부터 멀리 떨어져 있도록 하는 것입니다. 사탄은 인간은 선하며 모든 것을 잘할 수 있다는 잘못된 생각을 갖고 살도록 유인합니다. 사탄은 인간이 종교 생활은 하도록 하되 예수님의 복음만은 받아들이지 않게 하도록 최선을 다합니다. 종교성 있는 사람을 양성하는 것이 사탄이 하는 큰 일 중의 하나입니다.

사탄이 이 세상의 신이기 때문에 이 세상은 하나님 나라가 아닌 것이 분명합니다. 그러나 그렇다고 해서 우주를 주관하시는 하나님의 왕권이 박탈당한 것으로 보아서는 안 됩니다. 시편 103편 19절은 "여호와께서 그 보좌를 하늘에 세우시고 그 정권으로 만유를 통치하시도다"라고 말하고 있습니다. 악이 이 세상에서 꽃을 피우고 하나님의 사람들이 사탄에게 수없이 공격을 당해도 하나님은 여전히 두 세대의 왕이십니다. 세상 신의 이 세대 장악은 하나님의 주권 아래에 있습니다. 그러나 이 세대의 끝은 다가오고 있습니다.

신약성경은 앞으로 도래할 새 세대는 이 세대와 같지 않다고 말합니다. 이 세대는 악합니다. 그러나 올 세대는 온전한 하나님의 나라입니다. 하나님의 완전하심이 나타나고 구원의 완전한 축복들을 누릴 수 있는 나라입니다. 마태복음에 나오는 예수님과 부자 청년의 대화에서 하나님 나라를 살펴봅시다. 부자 청년이 예수님에게 와서 "선생님이여 내가 무슨 선한 일을 하여야 영생을 얻으리이까"(마 19:16)라고 물었습니다. 청년은 이 세상에서 살면서 영생을 얻을 수 있다고 생각하지 않고 위의 질문을 하였습니다. 그는 올 세대에서 영원히 살려면 어떻게 하여야 되는지를 물은 것입니다. 이에 대해 예수님께서는 예수님의 제자가 되지 못하도록 방해하는 모든 요소들을 없애 버리라고 대답하셨습니다. 이 대답을 들은 청년은 재물이 많으므로 근심하며 가 버렸습니다(마 19:22).

그 부자 청년이 떠나자 예수님께서는 제자들에게 "내가 진실로 너희에게 이르노니 부자는 천국에 들어가기가 어려우니라"(마 19:23)고 말씀하셨습니다. 자, 보십시오. 근심하면서 떠난 청년의 질문은 어떻게 해야 영생을 얻을 수 있는가였습니다. 이에 대한 예수님의 대답은 부자는 천국에 들어가기가 어렵다는 것입니다(23절). 심지어는 연이어서 약대가 바늘구멍으로 들어가는 것이 부자가 하나님의 나라에 들어가는 것보다 쉽다고 말씀하셨습니다(24절).

여기서 우리는 23절에 나온 천국이라는 말과 24절에 나온 하나님 나라라는 말이 같은 말임을 알 수 있습니다. 또한 영생이라는 말도 천국과 하나님 나라라는 말과 동의어임을 알 수 있습니다. 사복음서에서 하나님 나라를 표시할 때 대개는 '하나님 나라'라고 표시하고 있고 일부는 '천국'이라고 표시하고 있습니다. 좀 더 구체적으로 말씀드리면 마가복음, 누가복음, 요한복음에서는 하나님 나라라고 기록되어 있고 마태복음에서는 하나님 나라라고 기록된 네 곳(12:28, 19:24, 21:31, 43)을 제외하곤 천국이라고 기록되어 있습니다. 천국은 히브리인들의 표현 방식이요, 하나님 나라는 헬라 문화권에 사는 사람들의 표현 방식입니다. 예수님께서는 아람어로 가르치셨는데 아람어는 히브리어와 매우 유사합니다. 반면 신약성경은 헬라어로 처음 기록되었습니다. 아마 예수님께서는 유대 문화에서 유대인 제자들에게 말씀하셨으므로 하나님 나라라고 말하지 아니하시고 천국이라는 단어를 쓰셨을 것입니다. 이 추측은 그 당시 쓰여진 유대 서적들을 살펴보면 더욱 명확해집니다. 헬라 사람들이 천국이란 말을 들을 때 그 말의 정확한 의미를 알기가 힘들었을 것이 분명합니다. 그래서 헬라 사람들을 대상으로 쓴 복음서들은 천국이란 단어 대신에 하나님 나라라는 단어를 사용한 것입니다. 그러나 히브리 사람들을 염두에 두고 쓰여진 마태복음에서는 하나님의 나라라는 단어 대신에 천국이란 단어를 주로 사용하였습니다.

다시 마태복음 19장으로 돌아가 봅시다. 약대가 바늘귀로 들어가는 것이 부자가 하나님 나라에 들어가는 것보다 더 쉽다는 것은 도대체 무슨 뜻일까요? 하나님의 나라는 무엇과 동의어일까요? 23절에 보면 하나님 나라는 바로 천국이요, 16절에 보면 그건 바로 영생이요, 또한 25절에 보면 그건 바로 구원과 동의어로 쓰여졌음을 알 수 있습니다. 25절에서 제자들이 "그런즉 누가 구원을 얻을 수 있으리이까"라고 물은 것을 고려하고 본다면 하나님 나라와 구원은 서로 같은 의미로 쓰여진 단어임을 알 수 있습니다. 25절의 질문에 대해 예수님께서는 단호히 말씀하십니다. "사람으로서는 구원을 받을 수 없다. 하나님 나라에 들어가서 영생을 얻는다는 것은 인간의 힘으로서는 불가능하다. 아무리 가진 것이 많아도 불가능하다. 이 불가능은 낙타가 바늘귀로 들어가는 것이 불가능한 것과 마찬가지 이치이다." 만일 들어간다면 그것은 기적입니다. 만약 그 부자 청년이 가진 재산을 다 팔아 가난한 자들에게 나눠 준 후 예수님을 따르는 제자가 되어 하나님 나라에 들어간다면 그것은 기적입니다.

부자 청년이 예수님을 찾아왔을 때 이미 예수님의 열두 제자들은 이 기적 속으로 들어와 있었습니다. 그들이 그들의 소유를 다 버리고 예수님을 좇았음을 기억해 보십시오(27절). 이러한 상황하에서 예수님께서는 두 제자에게 다음과 같이 말씀하셨습니다. "내가 진실로 너희에게 이르노니 세상이 새롭게 되어 인자가 자기 영광의 보좌에 앉을 때에 나를 좇는 너희도 열 두 보좌에 앉아 이스라엘 열 두 지파를 심판하리라 또 내 이름을 위하여 집이나 형제나 자매나 부모나 자식이나 전토를 버린 자마다 여러 배를 받고 또 영생을 상속하리라" (28-29절).

마가복음을 살펴보면 같은 상황하에서 예수님이 하나님 나라에 대해 어떤 단어들을 사용하셨는지를 좀 더 정확히 알 수 있습니다. 예수님께서는 "나와 및 복음을 위하여 집이나 형제나 자매나 어미나 아비나 자식이나 전토를 버린 자는 금세에 있어 집과 형제와 자매와 모친과 자식과 전토를 백배나 받되 핍박을 겸하여 받고 내세에 영생을 받지 못할 자가 없느니라"(막 10:29-30)고 말씀하셨습니다. 이러한 마가복음의 구절들은 좀 전에 살펴본 마태복음의 말씀과 같음을 확증하여 줍니다. 영생, 하나님의 나라, 천국, 구원, 내세 등은 모두 같은 것을 지칭하는 단어들입니다. 이러한 단어들은 예수님을 따르는 사람들이 미래에 받을 축복의 실체입니다.

위 구절인 마가복음 10장 30절의 영생은 미래의 '내세'(올 세대)에 속해 있다고 말하고 있습니다. 그것이 사실이라면 하나님 나라도 올 세대에 속해 있습니다. 만일 영생에 관한 성경적 기록들이 이것뿐이라면 우리는 하나님 나라와 영생은 예수님 재림 후에만 얻을 수 있습니다. 또는 예수님께서 재림하시는 날까지는 영생을 얻은 것이 아니라고 말할 수도 있을 것입니다.

성경의 다른 곳을 살펴봅시다. 고린도전서 15장 50절에서 바울은 혈과 육은 하나님 나라를 유업으로 받을 수 없고 또한 썩은 것은 썩지 아니한 것을 유업으로 받지 못한다고 말하고 있습니다. 여기서 바울은 부활에 대해 말하고 있습니다. 몸과 피, 즉 우리의 육체는 하나님 나라를 소유할 수 없습니다. 우리의 썩을 육체가 썩지 아니하고 영광스럽고 강한 신령한 몸으로 바뀌는 부활 사건을 통과해야만 이 신령한 몸이 하늘나라에 들어가는 것입니다(42-44절). 부활 사건 후 하나님 나라가 도래합니다.

이번에는 가라지의 비유(마 13:37-46)에서 살펴봅시다. 가라지 비유에서 하나님의 나라는 하나님의 심판의 날과 함께 온다고 나와 있습니다. 이 세대에서는 선한 사람과 악한 사람, 하나님 나라의 자녀들과 악한 자의 자녀들이 마치 밀과 가라지가 밀밭에서 같이 자라듯이 자라고 있습니다. 그러나 추수 때에 알곡과 가라지를 가르는 심판이 있습니다(39절). 그 심판 때에 의인들은 자기 아버지 나라에서 해와 같이 빛나게 될 것입니다(43절). 이러한 심판으로 이 세대는 끝이 나고 하나님 나라의 자녀들은 하나님 나라의 축복을 누리기 시작합니다. 그물 비유에서도 마찬가지로 이 세상 끝에 심판이 있다고 말하고 있습니다. "또 천국은 마치 바다에 치고 각종 물고기를 모으는 그물과 같으니 그물에 가득하매 물 가로 끌어 내고 앉아서 좋은 것은 그릇에 담고 못된 것은 내어 버리느니라 세상 끝에도 이러하리라 천사들이 와서 의인 중에서 악인을 갈라 내어 풀무 불에 던져 넣으리니 거기서 울며 이를 갊이 있으리라"(마 13:47-50).

그러므로 우리는 하나님 나라는 올 세대에 속했으며 이 세대와는 첨예한 대립을 이루고 있다고 말할 수 있습니다. 이 세대에는 죽음이 있으나 올 세대에는 영생이 있습니다. 이 세대에는 의인과 악인이 같이 섞여서 살지만 하나님의 나라에서는 악과 죄가 존재하지 않습니다. 이 세대에서는 사탄이 왕으로 불려지나 올 세대에서는 하나님이 왕으로 불려지고 의가 악을 대신할 것입니다.

그러므로 이 시점에서 우리는 세대들을 나타내는 그림을 수정할 필요가 있습니다. 즉 이 세대와 올 세대를 동일한 선상에 놓아서는 안 됩니다. 이 세대가 악이라고 한다면 올 세대는 그분의 완전한 통치가 이루어지는 의의 나라이기 때문입니다. 그러므로 올 세대를 이 세대보다 높은 곳에 놓아야 합니다. 그리고 그림은 다음과 같이 수정하는 것이 옳을 것입니다.

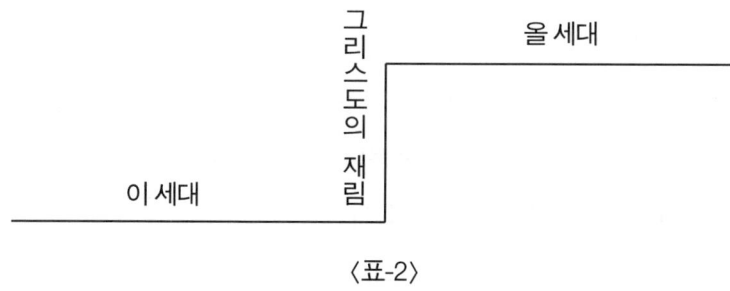

〈표-2〉

우리가 성경을 좀 더 자세히 공부해 보면 이 세대와 올 세대가 단순하게 연결되는 것이 아님을 알 수 있습니다. 여러분은 지금까지 예수님이 재림하시면 바로 하나님의 나라가 시작되는 것으로 알고 이 책을 읽고 계셨을 것입니다. 그러나 요한계시록에 보면 예수님 재림 후(계 19:11-16)와 새 세대 시작 전(계 21:1 이하)에 성도들이 부활하여 재림 예수와 함께 천 년 동안 다스리는 기간(계 20:1-6)이 있는 것으로 기록되어 있습니다. 우리는 이 기간을 천년시대(Millennium)라고 부릅니다.

이 천년시대에 대해 기독교 학자들 사이에 많은 논란이 있어

왔었습니다. 어떤 성경학자들은 새 시대 도래 전에 재림 예수가 천 년 동안 통치한다는 것은 유대주의 사상의 영향을 받은 결과지 결코 원래의 기독교 사상이 아니라고 주장합니다. 또한 어떤 성경 신학자들은 천년시대가 없다고 주장하는 것은 성경의 기록에 위배된다고 말합니다. 저는 이러한 논란에 많은 땀을 소비하는 것은 옳지 않다고 생각합니다. 천년시대에 관한 논란은 우리에게 실제적 이득을 주지 못하므로 그리스도인의 자유와 믿음 안에서 열린 마음으로 서로의 의견을 경청하는 것이 옳은 태도라고 생각합니다.

저는 새 세대 도래 전에 이 지구는 어느 기간 동안 재림 예수에 의해 일정 기간 통치를 받는다고 믿습니다. 이 기간을 우리는 천년시대라고 부릅니다. 이 기간은 그전까지 숨겨져 있던 그리스도의 영광이 나타나는 기간입니다. 천년시대 후에 도래할 올 세대는 그리스도께서 자신의 영광스런 통치를 하나님 아버지께 건네드림으로써 시작됩니다(고전 15:24-28). 그러므로 천년시대라는 것은 그리스도의 영광이 나타나는 시대입니다. 만약 올 세대를 세상 역사 밖(beyond history)의 시대라고 한다면 천년시대는 하나님 나라의 승리적 도래를 증거하는 역사 안의 마지막 천 년 기간이라고 말할 수 있습니다.

"신약성경에서 말하고 있는 바가 두 세대만이라면 어떻게 그 중간에 천년시대라는 것이 있을 수 있겠습니까?"라고 물을 수 있을 것입니다. 또는 "성경에 나와 있는 예언자들의 증거에 근거해서 그린 두 번째 도표에서는 천년시대가 표시되어 있지 않습니까?'라고 의문을 제기할 수도 있을 것입니다. 매우 좋은 질문입니다.

여기서 질문에 대한 대답 대신 우리는 구약의 예언자들은 어떤 식으로 하나님 나라가 도래한다고 생각하였는지를 살펴볼 필요가 있습니다. 구약의 예언자들은 미래에 대해 이야기할 때 그저 미래적인 어떤 사건만을 예언하였습니다. 구약의 예언자들은 어떤 사건들과 이어짐으로 예언이 성취될 것인지에 대해서는 예언하지 않았다는 말입니다. 그들은 먼 미래에 일어날 여러 사건을 그저 단순한 하나의 사건으로 보고 예언하기도 하였으며 또한 가까운 장래에 일어날 사건과 먼 장래에 일어날 사건을 동일 사건으로 예언하기도 하였습니다. 그러므로 성경의 예언은 예언자들의 예언 방법을 염두에 두고 풀어야 제대로 풀립니다.

예를 들어, 예언서에 나오는 '주의 날'(the Day of the Lord, 여호와의 날)은 이 세대 중에서 하나님이 이스라엘 역사에 개입하신 날을 일컫는 동시에 이 세대가 끝나고 새 세대가 시작되는 그 날을 지칭합니다. 아모스는 이스라엘 백성들이 타국의 포로로 사로잡혀 간 날을 여호와의 날(주의 날)이라고 불렀으며(암 5:18-27) 또한 하나님께서 그의 백성들을 회복하시는 날을 '그 날'이라고 불렀습니다(암 9:11 이하). 요엘 선지자는 여호와의 날을 하나님께서 그들에게 메뚜기와 가뭄의 피해를 일으키신 날(욜 1:1-20, 특히 15절)로 지칭하였으며, 동시에 이 세대 종말의 날을 가리켰습니다(욜 2:30-32). 이사야 13장을 살펴보아도 마찬가지입니다. 여기서 이사야 선지자는 바벨론 제국이 메대 나라에 의해 멸망할 것에 대해 예언하였는데 이 예언 사건은 이 세대 종말의 사건이라는 큰 예언을 배경에 깔고 한 예언입니다. 바벨론 멸망 사건과 이 세대 종말 사건이 하나의 예언 사건인 것처럼 기록되고 있다는 말입니다.

이러한 경우는 신약성경에서도 찾아볼 수 있습니다. 가령 예수님께서는 마태복음 24장, 마가복음 13장 및 누가복음 21장에서 볼 수 있듯이 감람산에 오르셔서 앞으로 예루살렘이 기원후 66-70년 사이에 로마의 침략을 받아 파괴될 역사적 사건을 예언하셨는데, 이 예언에는 세상 종말의 때에 적그리스도가 나타나서 이 세상을 어지럽게 할 것이라는 큰 예언도 포함되어 있습니다. 요한계시록 13장에도 적그리스도에 대한 묘사와 그에 의해 이루어질 사건들이 예언되어 있습니다. 이 예언 역시 가깝게는 로마에 대한 예언이지만 멀게는 세상 종말 때에 일어날 예언이기도 합니다. 그러므로 성경의 예언들은 가깝고 먼 사건들이 한데 섞여 있다고 말할 수 있습니다.

그러나 모든 예언이 다 그런 것은 아닙니다. 가령 베드로후서 3장 12-13절에 나오는 예언은 이 세대 종말에 나타날 일만 예언한 것입니다.

구약의 예언서들은 예수님 승천 후에 교회 시대가 시작될 것으로 예언하지 않았습니다. 그들은 하나님이 그분의 구원 목적을 이스라엘에 대해서 이 땅에서 이루시는 것으로 보았습니다. 그러나 자세히 살펴보면 성경의 몇 군데(사 53, 슥 9:9-10)에서는 메시아가 오시되 겸손과 고난의 옷을 입으시고 오신다고 썩어 있습니다. 반면 이사야서 9장 및 11장에서는 메시아가 다윗의 후손으로 오시되 영광스런 왕으로 오심이 예언되어 있으며, 다니엘서 7장에는 하늘로부터 사람의 아들(인자)이 오시는 것으로 예언되어 있습니다. 어쨌든 구약의 오실 메시아에 대한 예언들은 서로 관련이 없이 독자적으로 되어진 예언들입니다. 즉 구약성경은 하나님께서 마지막 때에 그분의 백성들을 구하러 오시되 그 오시는 양상을 기록한 어휘들은 각각의 특색을 지니고 있다는 말입니다. 또한 구약은 각 예언이 어느 때에 관한 예언인지, 예언이 교회 시대에 이루어질지 천년시대에 이루어질지 아니면 올 세대에 이루어질지에 대한 구분을 전혀 하고 있지 않습니다.

신약성경의 관점에서 보면 이 세상 종말은 하루에 이루어지고 올 세대가 곧이어 시작되는 것으로 기록되어 있습니다. 그러나 요한계시록과 고린도전서 15장 20-28절을 보면 세상의 종말은 2단계에 걸쳐 일어남을 알 수 있습니다. 즉 이 세대와 올 세대가 하루만에 교차되는 것이 아닙니다. 요한계시록 20장을 자세히 살펴보면 죽은 자들의 부활도 2단계에 걸쳐서 일어나고 또한 사탄의 패배도 2단계에 걸쳐서 일어남을 알 수 있습니다. 천년왕국의 시작 시에 죽은 자들의 첫 번째 부활이 있고 천년왕국의 끝에 두 번째 부활이 있습니다. 또한 사탄의 패배도 천년왕국의 시작 시에 사탄은 무저갱 속에 던져져서 천 년 동안 결박되어 있다가 천년왕국이 끝날 때 다시 풀려 나와 인간에게 사악한 해를 끼칩니다(계 20:2-3). 그런 후에 마지막 전쟁이 일어나고 거기에서 패한 사탄은 최종적으로 불 못에 갇히게 되며 동시에 최후 심판이 있게 되는 것입니다. 이처럼 사탄의 패배는 2단계에 걸쳐 일어납니다.

대부분의 사람들은 이러한 사실들을 신약성경에서 알아내지 못합니다. 그 이유는 신약을 입체적으로 보지 않고 평면적으로 보기 때문입니다. 하나님이 계시하여 주시는 시각으로 성경을 볼 때 우리는 성경을 입체적으로 볼 수 있습니다. 입체적 시각으로 성경을 보면 이 세상의 종말에 사탄의 패배가 천 년의 초기와 종기의 두 번에 걸쳐 일어난다는 것을 확실하게 알 수 있습니다. 그러므로 우리는 앞의 그림을 다음과 같이 수정 보완할 수 있습니다.

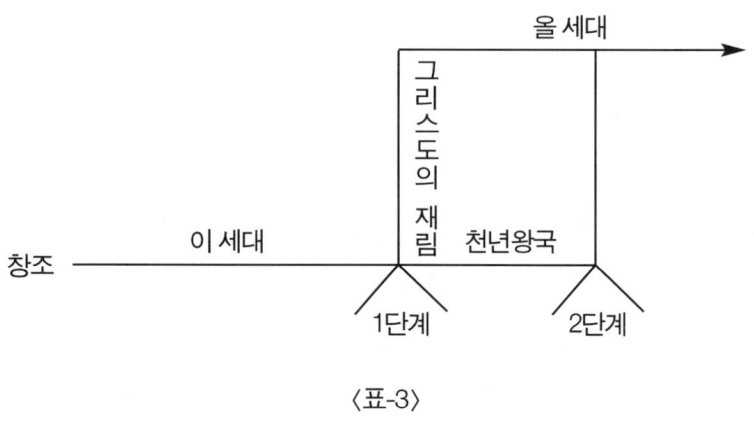

〈표-3〉

천년왕국은 완전한 하나님 나라가 아닙니다. 사탄은 이 기간 동안 무저갱에 갇혀 있습니다. 그러나 천년왕국 시대 끝에는 다시 나와 사람들을 죄짓게 만듭니다. 천년왕국의 끝에 하나님의 최후의 심판이 있습니다. 최후의 심판 후에 사망과 무덤이 불못에 던져집니다. 그러므로 최후 심판 전에는 사망이 존재합니다(계 20:14). 따라서 하나님의 온전한 통치는 천년왕국이 끝난 상태에서는 아직 이루어진 것이 아닙니다. 오직 천년시대 후에 새 세대가 시작되어야 "나라이 임하옵시며 뜻이 하늘에서 이룬 것 같이 땅에서도 이루어지이다"라고 한 우리의 기도가 온전히 이루어지는 것입니다.

우리는 이 세대에서는 절대로 하나님의 축복을 완전하게 경험할 수가 없습니다. 그동안 수많은 사람들이 이 땅의 모든 사람들이 복음을 받아들여 이 땅에 전쟁이 없고 모두가 하나님의 뜻에 온전히 순복하여 살아가는 온전한 하나님의 나라를 수립하고자 애를 써 왔습니다. 이 땅에 온전한 하나님 나라를 수립하는 데 그들의 소망을 걸고 살아 온 사람들은 그 뜻을 이루지 못하였습니다. 완전한 나라는 이 세대에 속한 나라가 아닙니다. 완전한 하나님의 나라는 올 세대에 속한 나라입니다. 우리는 이 세대에서는 완전한 하나님 나라에서 맛볼 수 있는 축복을 경험할 수 없습니다. 이 땅에 예수님이 재림하신다고 해도 예수님을 안 믿고 방황하는 사람은 많을 것입니다. 우리는 전쟁과 전쟁의 소문이 꼬리를 물고 일어난다고 해서 절망하여서는 안 됩니다. 우리는 복음을 전하다가 핍박을 당하고, 그리스도인으로서 올바르게 달려가다가 어려움을 당한다고 해서 움츠러들어서는 안 됩니다. 우리는 이 세대에 속한 사람들이 아니고 올 세대에 속한 사람들이기 때문입니다. 그렇기 때문에 핍박을 받는다는 사실과 하나님은 그러한 우리를 절대로 버리지 아니하신다는 사실을 기억해야만 합니다.

예수님께서 직접 영광 가운데 승리의 왕으로 재림하시기 전까지는 우리는 천국의 깊은 맛을 완전하게 체험할 수 없습니다. 인간은 하나님 나라를 건설할 수 없습니다. 하나님 나라는 그리스도께서 가지고 오십니다. 그리스도의 재림으로 인해서 사탄의 강력한 진들은 허물어집니다. 그날은 다가오고 있습니다. 성경은 그날을 준비하여 깨어 있으라고 우리에게 말씀하십니다. 우리가 매일 하는 기도, "나라이 임하옵시며 뜻이 하늘에서 이룬 것 같이 땅에서도 이루어지이다"라는 기도가 결국은 이루어지는 날이 다가오고 있습니다. 새 세대의 도래에 대한 확실한 소망이 이 세대에서 핍박을 받으면서 의롭게 살아가는 우리에게는 얼마나 큰 위로와 힘이 되는지요. 주 예수여, 속히 오시옵소서!

현존하는 하나님 나라

앞의 두 장에서 우리는 하나님의 말씀은 그분의 구원의 목적을 두 세대, 곧 지금 세대와 올 세대로 나누고 있다고 배웠습니다. 이 두 세대들은 예수님의 재림과 죽은 자들의 부활을 기점으로 구분이 됩니다. 하나님 나라는 올 세대에 속하였고 그 올 세대에서만이 하나님 나라를 온전히 경험할 수 있음을 지적하여 왔습니다. 만약 우리가 여기서 이 책을 끝낸다면 구원은 단지 이루어지지 않는 약속이며 보험을 들어 놓은 것과 같은 상태일 뿐입니다.

보험을 드는 것은 중요합니다. 이것은 미래에 닥쳐 올 환란을 극복할 수 있는 보장입니다. 이것은 오늘 현재 나에게 안전감을 확보해 주는 수단이기도 합니다. 만약 이 세대는 악한데 우리가 구원을 통해 올 세대에서만 하나님 나라에 들어갈 수 있다면 우리가 예수 그리스도의 공로로 받은 구원은 마치 보험에 들어 놓은 것과 같을 뿐입니다. 실제로 마가복음 10장에 나와 있듯이 영원한 생명에 대한 약속 실현은 하나님의 나라가 임할, 올 세대에 속한 미래적 사건입니다.

그러나 우리가 또한 발견한 사실은 이 세대와 올 세대는 한 사건을 중심으로 나뉘는 것이 아니라 서로 중첩이 된다는 것입니다. 또한 죽은 자들의 부활도 한 번의 사건이 아니라 천년시대의 처음과 끝 두 번에 걸쳐 일어난다는 것입니다. 그리고 사탄의 패배도 두 번에 걸쳐 일어납니다. 즉 천년시대의 시작 때에 사탄은 포박당하여 무저갱에 갇힙니다. 그러나 천년시대의 끝에 사탄은 무저갱에서 풀려 나온 후 최종적으로 불 못에 영원히 갇히게 됩니다. 그러므로 이러한 천년시대는 이 세대와 올 세대가 중첩이 되는 시대라고 할 수 있습니다.

이 천 년의 기간 동안 이 땅은 하나님 나라의 생명과 축복을 새로운 차원에서 경험합니다. 그러나 하나님 나라의 완전한 통치가 아직 이루어졌다고는 할 수 없습니다. 만약 이렇게 앞으로 일어날 사건들에 의해서만 하나님 나라가 도래하게 된다면 우리가 믿는 기독교는 그 많은 종교들 중 하나일 뿐 우리에게 현세에서 실제적인 유익을 주지 못하게 됩니다. 그러나 그렇지 않습니다. 천년시대에 있는 이 세대와 올 세대의 중첩은 현재로까지 연장됩니다. 신약성경은 하나님 나라가 이미 이 세대에 침투하였음을 말하고 있습니다. 그래서 현재 삶을 살면서도 하나님 나라를 경험할 수가 있습니다. 히브리서 6장 5절에 "하나님의 선한 말씀과 내세의 능력을 맛보고"라고 기록되어 있습니다. 이 말은 그리스도인이 되면 올 세대의 능력을 이미 맛 좀 보았거나 볼 수 있다는 말입니다. 올 세대는 미래적 사건입니다. 그러나 올 세대의 능력을 지금 맛볼 수 있습니다. 그 어떤 일로 인하여 하나님 나라가 현재까지 미친다는 말입니다. 올 세대의 능력들이 현 세대에 침투하였다는 말입니다. 우리가 아직 이 악한 세대에 살고 있고 사탄도 아직은 이 세대의 신이긴 하지만 우리는 올 세대의 능력을 지금 맛볼 수 있습니다. 이 맛은 최고급 식당에서 먹는 최고급 요리의 맛은 아닙니다. 그러나 지금 맛보는 하나님 나라의 맛은 허상이 아니고 진짜 맛입니다. 약속이 아니라 약속의 실현이며 경험입니다. "여호와의 선하심을 맛보아 알찌어다." 우리는 미래에 도래할 하나님 나라의 능력을 맛보았습니다.

이 같은 사실은 로마서 12장 2절의 말씀 속에도 담겨 있습니다. "너희는 이 세대를 본받지 말고 오직 마음을 새롭게 함으로 변화를 받아 하나님의 선하시고 기뻐하시고 온전하신 뜻이 무엇인지 분별하도록 하라." 우리가 이 악한 세대에 살면서 어떻게 이 세대에 동화되지 않을 수 있을까요? 올 세대의 능력이 이 악한 세대에 사는 나에게까지 미침으로 우리는 내적 변화(inner transformation)를 경험해야 합니다. 현재 악한 세대가 계속되어지고 있긴 하지만 하나님께서는 우리에게 새 능력을 경험케 하심으로써 하나님의 선하심을 맛보아 알도록 하셨습니다. 성경의 구원에 대한 가르침을 이해하는 데 있어서 이러한 두 세대 간이 서로 중첩된다는 것을 아는 것이 필요합니다.

그러므로 천년시대에 이 세대와 올 세대 간의 중첩이 있는 것뿐 아니라 현재에도 이러한 중첩이 있다고 말할 수 있습니다. 그러므로 우리는 '두 개의 시간 사이에'(between the times) 있다고 말할 수 있습니다. 우리는 사실상 두 세대가 서로 충돌하는 세대에 살고 있습니다. 그러므로 〈표-3〉은 다시 다음과 같이 수정되는 것이 바람직합니다.

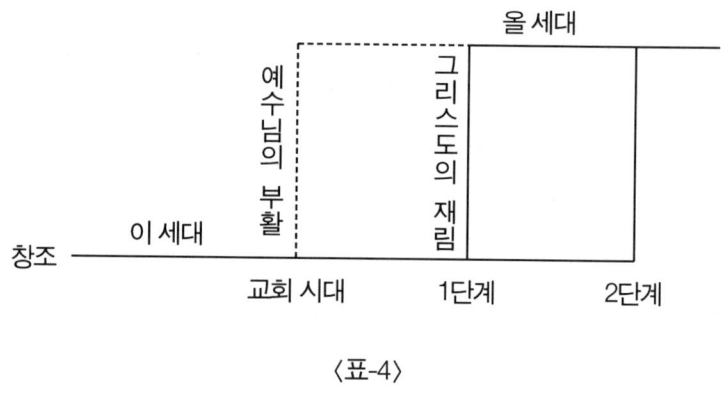

〈표-4〉

위의 그림이 말하는 바는 다음과 같습니다: "하나님 나라는 올 세대에 속해 있다. 하지만 올 세대는 이 세대와 중첩되어 있다." 그러므로 우리는 올 세대의 능력을 지금 맛볼 수 있습니다. 따라서 비록 몸은 이 세대에 있지만 이 세대와 동화되지 않고 살 수 있는 것이 가능합니다. 이것이 가능한 것은 바로 하나님 나라의 능력 때문입니다. 하나님 나라는 미래에 속해 있습니다.

그러나 하나님 나라의 능력이 미래에서 현재로 확장되었듯이 하나님 나라도 미래에서 현재로 확장 침투하여 스며들었습니다. 그러므로 예수님을 믿는 사람들은 이 세대에 살면서도 하나님 축복의 일부를 경험하며 살아갈 수 있습니다.

하나님 나라의 특성을 가장 잘 묘사한 말씀은 고린도전서 15장 22-26절입니다. "아담 안에서 모든 사람이 죽은것 같이 그리스도 안에서 모든 사람이 삶을 얻으리라 그러나 각각 자기 차례대로 되리니 먼저는 첫 열매인 그리스도요 다음에는 그리스도 강림하실 때에 그에게 붙은 자요 그 후에는 나중이니 저가 모든 정사와 모든 권세와 능력을 멸하시고 나라를 아버지 하나님께 바칠 때라 저가 모든 원수를 그 발아래 둘 때까지 불가불 왕노릇 하시리니 맨 나중에 멸망 받을 원수는 사망이니라."

이 성경 구절에서 사도 바울은 하나님께서 구원의 목적을 이루실 여러 단계에 대해 설명하고 있습니다. 그분의 목적은 하나님 나라의 도래와 관련을 맺고 있습니다. 즉 하나님의 궁극적 목적은 하나님 나라의 도래인데 그때가 되면 전 우주에 하나님의 완전한 통치가 실현됩니다. 이것은 사탄이 완전히 패배될 때 가능합니다. 그리스도께서는 그분의 모든 대적들을 먼저 그분의 발아래 굴복시키시는 일을 하십니다. 그리고 그 다음 하나님 나라를 하나님 아버지께 돌려 드립니다. 그러므로 하나님 나라는 하나님의 통치를 대적하는 자들을 패배시키는 그리스도를 통해서 실현되는 하나님의 통치라고 정의할 수 있습니다.

고린도전서 15장 26절의 "맨 나중에 멸망 받을 원수는 사망이니라"는 말씀을 통해서 하나님께서는 인간 창조 목적의 최대의 적인 죽음을 없애 버리실 때 강력한 능력을 표현하심을 알 수 있습니다. 그러나 하나님의 온전한 통치는 사망 권세를 이기시는 단 한 번의 사건만으로 금방 이루어지는 것이 아닙니다. 사도 바울은 이러한 승리가 세 번의 과정을 거쳐서 이루어진다고 설명하고 있습니다. 23절 이하에 보면 먼저는 첫 열매이신 그리스도께서 부활하시고, 그 다음은 그분이 오실 때에 그분에게 속하고, 그 다음은 세상의 끝이 와서 그리스도께서 하나님의 나라를 하나님께 인수인계해 드린다고 나와 있습니다.

우리는 이미 요한계시록에서 부활이 두 단계에 걸쳐 일어나고 이것을 첫 번째 부활, 두 번째 부활이라고 부른다고 배웠습니다. 그러나 바울은 여기서 하나님의 죽음 정복이라는 그분의 강력한 능력의 표현은 세 번에 걸쳐 일어난다고 지적하고 있습니다. 첫 번째는 그리스도의 부활로 이것은 '첫 열매' 또는 세 단계 중 '첫 단계 부활' 이라고 할 수 있습니다. 그러므로 부활은 그리스도의 부활이 그 시작임을 알 수가 있습니다. 그리고 두 번째 부활은 그리스도에게 속한 자들이 부활하는 것인데 이것은 그리스도께서 재림하실 때 일어납니다. 이것은 전체적인 부활이 아니고 예수님과 함께 그분의 생명을 나눈 자, 곧 그리스도를 영접한 자들에게 주어지는 부활입니다. 그리고 그 다음에 이 세대의 끝이 오는데 그때 그리스도께서 하나님 나라를 하나님에게 돌려 드리게 됩니다. 이러한 돌려 드림 단계의 증거는 바로 마지막 원수인 사망이 패배당하는 것입니다. 여기 사도 바울이 말하는 것이 요한계시록 20장 12절 이하에 기록된 일들과 같음을 감지할 수 있습니다. 그러므로 죽음의 정복은 세 단계, 즉 첫 번째는 그리스도의 부활, 두 번째는 죽은 자들의 처음 부활, 세 번째는 마지막 부활입니다. 이러한 부활은 〈표-4〉에 잘 표시되어 있습니다.

여기에 우리를 흥분시키는 일이 있습니다. 그것은 예수 그리스도의 부활이 마지막 부활의 시작이라는 것입니다. 어떻게 죽은 자들의 부활이 있고 살아 있는 우리가 그리스도처럼 변화되어 들림 받는 일들이 있겠습니까? 그렇게 된다는 사실을 어떻게 확신할 수 있겠습니까? 그 답은 역사 안에서 찾아볼 수 있습니다. 부활은 이미 시작되었습니다. 예수님께서도 이렇게 말씀하셨습니다. "조금 있으면 세상은 다시 나를 보지 못할 터이로되 너희는 나를 보리니 이는 내가 살았고 너희도 살겠음이라"(요 14:19). 이 구절은 바로 예수님의 부활의 능력이 어떠한지를 잘 설명해 주고 있고(빌 3:10) 예수님의 부활이 우리에게도 일어난다고 말하고 있습니다(엡 2:5). 그리스도의 부활은 독립된 하나의 사건이 아닙니다. 이 사건은 앞으로 일어날 종말 사건의 시초로서 이미 이천여 년 전에 미리 첫 열매로서 일어난 역사적 사건입니다. 우리는 이미 부활의 첫 단계를 통해 하늘나라 쪽으로 상승세를 타고 있는 중이라고 말할 수 있습니다. 첫 부활을 통해서 앞으로 인류에게 어떤 일이 일어났는지가 조명되어집니다. "각각 자기 차례대로 되리니 먼저는 첫 열매인 그리스도요 다음에는 그리스도 강림하실 때에 그에게 붙은 자요 그 후에는 나중"이라는 사실을 기억하시기 바랍니다.

부활의 세 단계 사건을 통한 죽음의 정복은 세 단계에 걸친 하나님 나라의 현현과 때를 같이합니다. 그리고 마지막 두 단계는 요한계시록에서 이미 살펴본 바와 같은 과정을 거칩니다. "그 후에는 나중이니 저가 모든 정사와 모든 권세와 능력을 멸하시고 나라를 아버지 하나님께 바칠 때라"(고전 15:24)고 기록된 말씀은 요한계시록 20장 10절 말씀과 14절 말씀과 같은 때에 일어난 사건입니다. 그리스도께서 통치하시는 천년시대의 끝에 마지막 원수인 죽음이 파괴된다는 말입니다. 이것이 그리스도의 왕으로서의 통치의 마지막 양상입니다. 그러고는 이제 그리스도께서 하나님 나라를 하나님 아버지에게 인수인계하십니다. 왜냐하면 그리스도의 통치의 끝에 그의 모든 대적이 완전무결하게 무릎을 꿇었기 때문입니다.

이러한 완전 정복의 바로 전 단계는 천년시대의 처음에 일어납니다. 이 일은 요한계시록 20장 4절과 고린도전서 15장 23절에 나와 있듯이, 그 다음은 그의 강림하실 때에 그분에게 속한 자라고 하는 말에서도 잘 나타나고 있습니다.

하나님 나라란 하나님의 적들이 패배한 나라입니다. 하나님 나라는 그리스도께서 그분의 대적들을 그분의 발 앞에 무릎 꿇게 하는 나라입니다. 누가 하나님의 적입니까? 사악한 사람들입니까? 적그리스도입니까? 하나님 없는 나라들입니까? 우리는 이미 성경에서 무엇이 그리스도의 적인지를 살펴보았습니다. "맨 나중에 멸망 받을 원수는 사망이니라." 사도 바울은 하나님 나라를 사망이라는 원수가 패배한 상태로 보았습니다.

어디에서부터 죽음이 옵니까? 성경은 분명히 "죄의 삯은 사망이요 하나님의 은사는 그리스도 예수 우리 주 안에 있는 영생이니라"(롬 6:23)고 지적하고 있습니다. 죽음은 죄로부터 오는 것입니다. 마지막에 멸망될 하나님 나라의 원수는 죽음입니다. 그러므로 죄도 역시 하나님 나라의 원수가 됩니다. 따라서 죄도 하나님 나라에서는 존재할 수가 없습니다.

그렇다면 죄는 어디에서 시작됩니까? 악의 원천은 무엇이냐는 말입니다. 그 대답은 물론 사탄입니다. 여기서 우리는 악의 세 요소들을 볼 수 있는데 그것은 사탄, 죄, 죽음입니다. 그리스도께서는 이러한 세 원수들을 그분의 발 앞에 굴복시키실 것입니다. 이것이 바로 하나님 나라의 승리입니다.

앞의 표와 이제까지의 설명을 통해서 우리는 사탄의 패배가 두 단계에 걸쳐서 일어난다는 것을 배웠습니다. 천년시대의 시작에 사탄은 묶여진 상태로 천 년 동안 무저갱에 갇히고 천년시대의 끝에는 불 못에 영원히 갇힌다는 것도 배웠습니다. 그렇다면 우리는 다음과 같은 질문을 던질 것입니다: 현재라는 시점에서 그리스도의 적이 그리스도에 의해 패배된 부분이 있는가? 있으면 그것은 무엇인가? 우리의 구원은 다만 약속에 불과한 것인가? 죄와 사탄 그리고 죽음의 정복은 그리스도가 통치할 미래에만 속한 일들인가, 아니면 그리스도의 승리는 이미 과거에 시작되었는가?

이러한 훌륭한 질문들에 대한 답은 이미 살펴본 고린도전서

15장에 어느 정도 언급되어 있습니다. 즉 사망을 없이함은 세 단계에 걸쳐 일어나고 첫 단계는 이미 완료되어 있는 상태입니다. 하나님 나라, 즉 그리스도를 통해 하나님의 통치권이 행사되는 것은 이미 시작된 것입니다. 그것은 그리스도의 부활을 통해 이미 현현되었습니다. 죽음의 패배는 이미 시작된 것입니다.

그렇다면 우리는 당연히 다음과 같은 질문을 하게 될 것입니다: 하나님의 세 원수들인 죽음과 죄와 사탄 중에서 죄와 사탄의 패배만이 미래적 사건으로 남아 있는가? 아니면 하나님께서 사탄의 능력을 이미 깨뜨리기 시작하셨는가? 하나님께서는 이미 사탄이 잡고 있는 악한 이 세대를 침노하기 시작하셨는가?

이 질문에 대한 고찰은 히브리서 2장 14절을 살펴봄으로써 시작할 수 있습니다. "(그리스도의) 자녀들은 혈육에 함께 속하였으매 그도 또한 한 모양으로 혈육에 함께 속하심은 사망으로 말미암아 사망의 세력을 잡은 자 곧 마귀를 없이 하시며." 이 말씀은 이제껏 많은 사람들이 제대로 이해하지 못하고 있는 구절 중의 하나입니다. 많은 사람들은 그리스도가 사망을 멸하시는 것은 그분의 재림 때에만 이루어진다고 말합니다. 그들은 이 구절을 "그리스도의 재림으로 인하여 그분께서 사망의 세력 잡은 자 곧 마귀를 없앤다"라는 말씀으로 이해합니다. 그러나 절대로 그렇지 않습니다. 그리스도의 죽음으로 인하여 그리스도께서는 이미 사망을 물리치셨습니다.

그렇다면 어떻게 해서 이 구절이 사탄이 이미 패배했다고 말해 주고 있냐고 질문할 것입니다. 영어 성경에는 그 의미가 희미하지만 헬라어 원어 성경을 보면 확실해집니다. 영어 성경들을 보면 "마귀를 없이 하시며"의 '없이 하시며'라는 단어는 '파괴한다'(destroy), '멸한다'(ruin) 또는 '완전히 없애 버린다'(annihilate completely)라는 용어로 쓰고 있습니다. 헬라어는 '카타르게오'(katargeo)라는 단어를 쓰는데 그 뜻은 '힘을 쓰지 못하게 하다' 또는 '효력이 없어지게 하다'입니다.

사탄의 패배는 그리스도의 죽음으로 성취되었습니다. 그리스도의 죽음으로 인해 사탄의 활동과 능력이 위축되었습니다. 그러므로 사탄의 패배는 다음의 세 단계에 걸쳐 일어납니다. 처음은 그리스도의 십자가 위에서의 죽음으로 일어나고, 두 번째는 천년시대의 시작에 사탄이 무저갱에 갇힘으로 일어나고, 세 번째는 천년시대의 끝에 사탄이 불 못에 영원히 갇힘으로써 일어납니다. 하나님 나라의 나타남이 그리스도의 부활, 그리스도에게 속한 자의 부활 그리고 마지막으로 죽음이 그리스도의 발에 엎드리는 삼 단계로 일어나듯이 하나님 나라의 능력도 사탄의 삼 단계 패배를 통해서 나타나게 됩니다.

마태복음 4장 23-24절은 다음과 같이 예수 그리스도의 초기 사역을 묘사하고 있습니다. "예수께서 온 갈릴리에 두루 다니사 저희 회당에서 가르치시며 천국 복음을 전파하시며 백성 중에 모든 병과 모든 약한 것을 고치시니 그의 소문이 온 수리아에 퍼진지라 사람들이 모든 앓는 자 곧 각색 병과 고통에 걸린 자, 귀신 들린 자, 간질하는 자, 중풍병자들을 데려오니 저희를 고치시더라." 이 말씀을 통해 우리는 예수 그리스도께서 사역할 때에 이미 현존하는 악들이 정복당함을 알 수 있습니다.

"천국 복음을 전파하시며"라는 말과 "모든 병과 모든 약한 것을 고치시니"라는 말은 서로 어떤 관련이 있는 것일까요? 천국 복음(하나님 나라의 좋은 소식)이라는 말과 예수님의 치유 사역과는 어떤 관련이 있는 것일까요?

이에 대한 대답은 마가복음 1장에 기록된 기적 사건에서 찾아볼 수 있습니다. 예수님께서는 안식일 날 가버나움에 오셔서 회당에서 사람들을 가르치셨습니다. 사람들은 그분의 가르침 속에 여느 서기관들의 가르침과는 달리 권세가 있음에 깜짝 놀랐습니다. "저희가 가버나움에 들어가니라 예수께서 곧 안식일에 회당에 들어가 가르치시매 뭇사람이 그의 교훈에 놀라니 이는 그 가르치시는 것이 권세 있는 자와 같고 서기관들과 같지 아니함일러라 마침 저희 회당에 더러운 귀신 들린 사람이 있어 소리질러 가로되 나사렛 예수여 우리가 당신과 무슨 상관이 있나이까 우리를 멸하러 왔나이까 나는 당신이 누구인줄 아노니 하나님의 거룩한 자니이다 예수께서 꾸짖어 가라사대 잠잠하고 그 사람에게서 나오라 하시니 더러운 귀신이 그 사람으로 경련을 일으키게 하고 큰 소리를 지르며 나오는지라 다 놀라 서로 물어 가로되 이는 어쩜이뇨 권세 있는 새 교훈이로다 더러운 귀신들을 명한즉 순종하는도다 하더라"(막 1:21-27). 아픈 자를 치료하고 특히 귀신을 쫓아내는 것이 하나님 나라의 복음을 선포하시는 예수님 사역의 특징이라고 말할 수 있습니다. 그분께서는 하나님 나라의 복음을 선포하셨습니다. 그러고는 사탄에게 묶여 있는 사람들을 그 묶임으로부터 풀어 주심으로써 하나님 나라의 복음을 실증하셨습니다.

마태복음 12장에 보면 이러한 귀신 축출이 하나님 나라의 일임을 분명히 알 수 있습니다. 예수님께서 이런 사역을 하실 때 바리새인의 반대에 직면하였습니다. 그러나 바리새인들은 이런 사역을 물고 늘어지다가 예수님의 말과 능력에 할 말을 잃고 말았습니다. 바리새인들은 예수님의 귀신 축출 사역을 놓고 "이가 귀신의 왕 바알세불을 힘입지 않고는 귀신을 쫓아내지 못하느니라"(마 12:24)라고 말하며 예수님을 물고 늘어졌습니다. 바리새인들은 예수님께서 이러한 초자연적 능력을 행하심을 목격하였습니다. 그러나 그들은 예수님께서 사탄으로부터 위임받아서 능력을 행사한다고 생각하였던 것입니다. 그러자 예수님께서는 "저희생각을 아시고 가라사대 스스로 분쟁하는 나라마다 황폐하여질 것이요 스스로 분쟁하는 동네나 집마다 서지 못하리라 사단이 만일 사단을 쫓아내면 스스로 분쟁하는 것이니 그리하고야 저의 나라가 어떻게 서겠느냐"(마 12:25-26)라고 말씀하셨습니다. 사탄이 사탄을 쫓아낸다는 것은 말이 되지 않습니다. 이는 자기네들끼리 내분이 일어났다는 이야기인데 그것은 불가능한 경우입니다. 그래서 예수님께서는 "그러나 내가 하나님의 성령을 힘입어 귀신을 쫓아내는 것이면 하나님의 나라가 이미 너희에게 임하였느니라"(28절)라고 무리와 바리새인들에게 말씀하셨던 것입니다.

그렇다면 천국 복음, 즉 하나님 나라의 복음이란 무엇입니까?

하나님 나라가 가까이 왔다는 말은 무슨 뜻일까요? 이 말은 하나님께서 지금 인간들 사이에서 사탄에게 묶여 있는 것을 풀어 주시기 위하여 활동 중이시라는 말입니다. 즉, 하나님께서 인간의 몸을 입으시고 그리스도로 이 땅에서 사탄의 왕국을 침략하고 계시다는 뜻입니다. 예수님의 귀신 축출 사역은 하나님 나라가 사람 가운데 이미 임하여서 활동 중이라는 것의 증명입니다. 귀신들이 쫓겨 나가는 것 자체가 바로 하나님 나라의 일입니다.

그렇다면 이 시점에서 두 세대의 구조를 생각하여 봅시다. 예수님께서 악령들을 제압하는 능력은 올 세대의 권능들이 이미 이 악한 세대를 침공해 들어왔다는 것을 잘 나타냅니다. 또한 예수님의 귀신 축출 사역은 예수님이 앞으로 영광 중에 재림하신 후에 도래할 하나님의 나라가 이미 이 세대로 침투해 들어왔다는 것을 증명합니다. 물론 현재로선 사탄이 불 못에 영원히 던져진 상태는 아닙니다. 또한 사탄이 천년시대에 그렇게 될 것처럼 무저갱에 갇혀 있는 상태도 아닙니다. 그러나 하나님의 성령을 힘입어 귀신을 쫓아냈기 때문에 이것은 하나님의 나라가 지금 우리 가운데 이미 임하였다는 것을 뜻합니다(28절). 귀신을 쫓아낸다는 것은 하나님 나라의 현존을 증명하는 것입니다.

그렇다면 이제 29절 말씀을 살펴봅시다. "사람이 먼저 강한 자를 결박하지 않고야 어떻게 그 강한 자의 집에 들어가 그 세간을 늑탈하겠느냐 결박한 후에야 그 집을 늑탈하리라." 이 말씀은 하나님 나라를 이해할 수 있는 가장 중요한 구절 중의 하나입니다. 사탄은 '강한 자'이며 또한 이 세대는 '그의 집'입니다. 강한 자의 세간은 귀신에 억압당하고 있는 사람들을 지칭합니다. 이 29절 말씀은 이렇게 다시 쉽게 풀어 쓸 수 있습니다. "먼저 사탄을 포박하지 아니하고서 어떻게 귀신 들린 사람들을 구출할 수 있겠는가? 결박한 후에야 사탄의 세간들을 꺼내 올 수 있다."

여기서 우리는 다음과 같은 질문을 할 수 있을 것입니다: 그렇다면 지금 사탄이 결박되어 있다는 말인가? 성경에서 성육신 사건과 그의 지상에서의 사역이 악한 자를 결박하였다고 명시되어 있단 말인가? 언뜻 생각하면 성경에서는 마귀가 우는 사자처럼 삼킬 자를 찾는다고 기록되어 있기 때문에 위와 같은 질문에 대한 대답은 부정적일 수밖에 없다고 생각할 수 있습니다. 그러나 여기서 우리는 사탄이 결박당한다는 것의 진정한 의미가 무엇인지 깊게 상고하여 볼 필요가 있습니다. 또한 우리는 혈과 육으로만 된 존재가 아니요, 영적으로 존재하는 존재임을 기억하고 있어야 합니다. 어떠한 사슬이 그러한 영적인 존재를 묶을 수 있겠습니까? 선박을 항구에 정박시키는 굵은 밧줄일까요? 쇠로 만든 줄일까요? 여기서 분명한 것은 사탄을 결박하는 것은 영적인 결박의 비유적 표현일 뿐입니다. 사탄을 결박한다는 것은 문자 그대로 물리적인 결박이 아님을 아셔야 합니다. 눈에 보이는 사슬로는 영적 존재인 사탄을 묶거나 결박할 수가 없는 것입니다.

강한 자, 사탄을 묶는다는 표현은 예수님께서 이 땅에 나타나심과 그분의 능력으로 이 땅에서 사역하심으로 인해 사탄이 패

제3장 현존하는 하나님 나라 73

배를 초래하여 힘을 쓸 수가 없다는 말입니다. 이것이 바로 사탄이 결박당한 것과 같은 상태입니다. 이 "강한 자를 결박"한다는 표현은 요한계시록 20장 2절의 "용을 잡으니 곧 옛 뱀이요 마귀요 사단이라 잡아 일천년 동안 결박하여"라는 말씀 중 '사탄을 잡아 일천 년 동안 결박한다' 는 표현과 동일시하여서는 안 됩니다. 무천년설(천년시대란 없다는 주장)을 주장하는 사람들은 이 두 구절을 동일 구절이라고 봅니다. 그러나 그렇게 보는 것은 타당치 않습니다. 마태복음 12장 28절은 하나님 나라가 이미 이 세대에 임했노라고 말하고 있지 않습니까? 사탄의 능력은 어떤 의미에서 본다면 이미 묶여 있기 때문에 귀신에 묶인 사람들이 예수님의 사역에 의해 풀려나는 것이 아니겠습니까? 강한 자, 사탄이 묶이지 않고서 어떻게 세간(귀신 들린 자)을 늑탈할 수 있겠습니까? 사탄은 패한 적입니다. 그리스도의 지상 사역과 십자가의 죽음으로 인해 우리는 어두움의 세력에서 하나님 아들의 나라로 이미 옮겨진 것입니다.

　예수 그리스도의 사역에 의하여 사탄이 이 땅에서 이미 패배하였다는 이 같은 사실은 누가복음 10장에도 잘 나타나 있습니다. 예수님은 예루살렘에 마지막으로 올라가시기 전에 70명의 제자들을 전도 목적으로 파송하시면서 몇 가지를 지시하셨습니다. 그 하나가 다음과 같습니다. "거기 있는 병자들을 고치고 또 말하기를 하나님의 나라가 너희에게 가까이 왔다 하라"(눅 10:9). 그들이 예수님의 임무를 가지고 각 동네에 들어가 사역을 하였을 때 하나님 나라가 그 동네에 임하는 일들이 일어났습니다.

그러나 그 도시에서 사역을 못하게 방해를 받았을 때 예수님께서는 다음과 같이 하라고 70인의 파송받은 제자들에게 지시하셨습니다. "어느 동네에 들어가든지 너희를 영접지 아니하거든 그 거리로 나와서 말하되 너희 동네에서 우리 발에 묻은 먼지도 너희에게 떨어버리노라 그러나 하나님의 나라가 가까이 온줄을 알라 하라 내가 너희에게 말하노니 저날에 소돔이 그 동네보다 견디기 쉬우리라 화 있을찐저 고라신아, 화 있을찐저 벳새다야, 너희에게서 행한 모든 권능을 두로와 시돈에서 행하였더면 저희가 벌써 베옷을 입고 재에 앉아 회개하였으리라 심판 때에 두로와 시돈이 너희보다 견디기 쉬우리라" (눅 10:10-14).

예수님께서는 왜 그렇게 과격하게 보이는 무거운 심판을 제자들을 영접하지 않는 동네들에게 내리고자 하셨을까요? 이는 하나님 나라가 제자들에게 이미 임하였기 때문입니다. 하나님 나라의 현현에 대한 증거는 바로 병자가 낫는 일들을 통해서입니다. 하나님 나라의 징조와 능력은 벳새다와 고라신이라는 동네에서는 이미 나타났습니다. 예수님의 제자들을 거부하고 예수님으로부터 부탁받은 사역을 거절하는 것은 하나님 나라를 거절하는 것이고 그 결과는 이런 무시무시한 심판을 피할 수 없는 것입니다.

17절에 보면 "칠십인이 기뻐 돌아와 가로되 주여 주의 이름으로 귀신들도 우리에게 항복하더이다"라고 기록되어 있습니다. 이 말은 "예수님, 우리가 병자들을 고쳤습니다. 그리고 가는 곳마다 하나님 나라를 선포하였습니다. 귀신들도 우리에게 무릎을 꿇더군요. 예수님, 우리가 귀신들을 쫓아내었습니다"라는 말입니다. 이러한 제자들의 사역 보고에 대해 예수님께서는 "사단이 하늘로서 번개 같이 떨어지는 것을 내가 보았노라"(18절)라고 말씀하셨습니다. 이 말은 결국 "너희들이 사탄에게 묶여 있는 사람들에게서 귀신들을 쫓아내어 그들을 자유케 할 때에 사탄이 하늘에서 떨어지는 것을 보았다"라는 말입니다. 이 말은 사탄이 저 우주의 저 높은 곳에서부터 말 그대로 땅으로 떨어지는 장면을 예수님께서 실제로 목격하셨고, 지구 위 공간에 있던 사탄이 이제는 떨어졌기 때문에 지구에 있다는 말이 아닙니다. 이 말은 이미 살펴본 바 있는 마태복음 12장 28절과 같은 말입니다. 사탄이 묶였기 때문에 하늘에서 번개처럼 땅에 떨어지는 것입니다. 그래서 사탄이 힘을 쓸 수 없다는 말입니다. 하늘나라는 이미 우리에게 임하였습니다. 그래서 우리는 사탄의 권세로부터 놓임 받아 하나님 나라의 축복과 생명 속으로 이미 들어와 있습니다. 이것이 예수 그리스도를 믿는 자가 현재에 누릴 축복입니다.

하나님 나라는 그분의 대적을 그분의 힘으로 정복하는 나라이며 이 정복은 세 단계를 거쳐서 일어납니다. 그리고 그 첫 단계는 이미 이루어진 상태입니다. 하나님 나라의 권세는 이미 사탄의 영토인 악한 이 세대를 침공하였습니다. 귀신 들린 자들이 놓임 받는 것은 이러한 사실을 뒷받침하여 줍니다. 사탄이 묶여 있기 때문에 그러한 일들이 일어나는 것입니다. 사탄의 권세는 파괴되었습니다. 그러므로 우리는 사탄이 세 번에 거쳐야 할 패배의 처음을 지났고, 이에 따르는 하나님 나라의 축복을 이미 경험할 수가 있습니다.

  그렇다고 해서 우리가 지금 하나님 나라의 축복을 완전하게 가질 수 있는 것은 아닙니다. 또한 하나님 나라(올 세대)가 이미 여기에 이루어져 있다는 것도 아닙니다. 앞 장에서도 살펴보았듯이 온전한 하나님 나라가 이루어지기 위해서는 예수님의 재림이 반드시 선행되어야 합니다. 하나님의 인간 구속 계획의 첫 단계는 이미 완료되었습니다. 그러나 사탄은 아직 이 세상의 신입니다. 그렇지만 그의 힘은 이미 상실되었기 때문에 믿는 자들은 이 땅에 살면서도 하나님의 권세를 삶 가운데서 맛볼 수가 있습니다. 이 세대는 계속되고 있습니다. 우리는 올 세대의 능력 또한 맛볼 수 있습니다. 사람들의 눈에는 세상이 변한 것은 없는 듯 보일지도 모르고 사탄의 나라는 꼼짝도 안 하고 있는 것처럼 보일지도 모릅니다. 그러나 하나님의 나라는 이미 이 세대에 들어와 있습니다. 이러한 것을 받아들이는 사람만이 예수님께서 이미 시작하신 그분의 일을 마치시기 위해 다시 오실 때 영광의 나라에 들어갈 수 있습니다. 이것이 바로 하나님 나라의 복음입니다.

4

하나님 나라의 비밀

마가복음 4장과 마태복음 13장에는 '하나님 나라의 비밀'을 듬뿍 갖고 있는 하나님 나라에 대한 여러 가지 비유들이 기록되어 있습니다. 이 비유들은 일상생활의 이야기를 통해서 예수님의 핵심 진리들을 그려 내고 있습니다. 예수님의 핵심 진리는 하나님 나라에 관한 것이고 이것은 또한 감추어진 신비한 비밀입니다.

'비밀'(mystery, 신비)의 뜻은 무엇일까요? 성경적 언어로서 비밀은 어떤 신비스럽거나, 아니면 깊고 이해하기 어려운 것을 가리키지 않습니다. 현재 영어에서 'mystery'(비밀)라는 말은 그런 것을 의미할지도 모르겠습니다. 그러나 수천 년 전에 쓰여진 성경의 언어들을 현대에 맞추어 해석한다는 것은 무리입니다. 성경에서 이야기하는 비밀이라는 말의 뜻은 로마서 16장 25-26절의 구절과 일맥상통한다고 할 수 있습니다. "나의 복음과 예수 그리스도를 전파함은 영세전부터 감취었다가 이제는 나타내신 바 되었으며 영원하신 하나님의 명을 좇아 선지자들의 글로 말미암아 모든 민족으로 믿어 순종케 하시려고 알게 하신바 그 비밀의 계시를 좇아 된 것이니"(롬 16:25-26). 여기서 성경적 관점에서 본 비밀이란 단어는 지금까지는 숨겨진 어떤 것이 밝혀진 것이라는 의미를 갖고 있습니다. 하나님께서 이 비밀을 창세부터 지금까지 밝히고 있지 아니하신 것은 하나님의 뜻에 의해서입니다. 그러나 하나님의 구원 계획 시간표에 의거하여 지금은 하나님께서 그 숨겨 왔던 계획들을 계시하신 것입니다. 이것이 바로 성경적 의미의 비밀입니다. 비밀은 신적 목적을 가지고 있습니다. 하나님께서는 오랫동안 숨겨 놓으신 새로운 계시를 통하여 그분의 인류 구원의 계획표를 밝히신 것입니다.

예수님의 이러한 비유들은 하나님 나라의 비밀, 즉 하나님 나라에 대해 이제껏 구약성경에서 밝혀지지 않았던 숨겨져 온 비밀들을 밝히 계시하여 줍니다. 이러한 비밀들은 예수님의 지상 사역에 의하여 밝혀졌습니다. 이것은 어떠한 비밀들입니까? 이에 대한 대답을 얻기 위해서 우리는 구약성경으로 돌아가서 그 당시 선지자들이 장차 도래할 하나님 나라에 대하여 어떤 예언들을 하였는지를 살펴볼 필요가 있습니다. 다니엘서 2장을 살펴보면 느부갓네살 왕이 꿈에 큰 신상을 보았는데 그 신상의 머리는 금으로, 가슴은 은으로, 허벅지는 구리로, 다리는 철로, 발은 철과 진흙으로 되어 있었습니다. 그 후에 한 뜨인 돌이 날아와서 신상의 철과 진흙으로 된 발을 쳐서 부서뜨렸습니다. 그러자 신상은 깨져서 가루가 되어 땅에 떨어졌고 바람이 날아와 그 가루들을 흔적도 없이 쓸어 가 버렸습니다. 그러나 신상을 친 돌은 태산을 이루어 온 세계에 가득해졌습니다(단 2:31-35).

신상의 머리, 가슴, 허벅지, 다리 등은 앞으로 세상에 나타나 세상을 지배할 나라들을 나타냅니다. 그리고 뜨인 돌에 대한 해석은 44절과 45절에서 다니엘이 느부갓네살 왕에게 다음과 같이 말하고 있습니다. "이 열왕의 때에 하늘의 하나님이 한 나라를 세우시리니 이것은 영원히 망하지도 아니할 것이요 그 국권이 다른 백성에게로 돌아가지도 아니할 것이요 도리어 이 모든 나라를 쳐서 멸하고 영원히 설 것이라 왕이 사람의 손으로 아니하고 산에서 뜨인 돌이 철과 놋과 진흙과 은과 금을 부숴뜨린 것을 보신 것은 크신 하나님이 장래 일을 왕께 알게 하신 것이라 이 꿈이 참되고 이 해석이 확실하니이다"(단 2:44-45).

위의 말씀은 구약성경에 나오는 구약의 예언자들이 미래의 사건들을 어떻게 예언하고 있는지를 잘 말해 주는 구절입니다. 구약의 예언자들은 장차 하나님께서 이 땅에 그분의 통치를 이루실 하나님 나라를 세우실 것으로 믿고 고대하였습니다. 우리는 제1장에서 하나님 나라의 근본적 의미는 하나님의 통치라고 배웠습니다. 하나님께서는 그의 나라를 세우시는 그날 다른 모든 통치, 권세들을 없애 버리실 것입니다. 그리고 그날엔 여러 나라들을 뒷받침하고 있던 인간의 모든 권세도 사라질 것입니다. 하나님의 통치, 하나님의 나라, 하나님의 다스리심이 이러한 모든 인간 세력들을 쓸어 가 버리실 것입니다. 그날엔 오직 하나님만이 왕이 되실 것입니다. 구약의 선지자들은 이러한 날이 올 것을 예언하였습니다.

구약의 관점에서 본다면 하나님 나라의 도래는 단 한 번의 커다란 사건입니다. 즉 구약의 선지자들은 인간에 의한 나라들을 일순간에 쓸어 가는 단 한 번의 엄청난 사건 후에 하나님 나라가 임하는 것으로 생각하였습니다. 여기서 우리는 마태복음으로 돌아가서 생각해 보기로 합시다. 세례 요한은 천국이 가까이 왔다고 외쳤습니다(마 3:2). 그는 구약의 관점에서 다가올 하나님의 나라를 이해하였습니다. 그는 또한 예수님께서 오심으로 임하게 되는 천국이 도래하면 그분께서는 성령과 불로써 사람들에게 세례를 줄 것이라고 외쳤습니다(11절). 성령의 세례를 받는 사람들은 예수 그리스도를 받아들이는 사람들이요, 그렇지 않은 사람들은 심판, 즉 불의 세례를 받는다고 외쳤습니다. 12절을 보면 불세례에 대한 심판이 더욱더 잘 설명되어 있습니다. 농부가 알곡을 타작하여서 알곡을 곡간에 모아놓고 쭉정이는 불에 태워 버리듯이 메시아가 오면 구원받은 자는 곡간에, 그렇지 않은 자는 불 심판을 당하게 될 것이라고 외쳤습니다. '꺼지지 않는 불'은 불 심판으로, 이것은 바로 세상 종말의 심판을 지칭하는 말입니다.

세례 요한이 감옥에 갇혀 있을 때 그는 예수님께 사람을 보내어 오시겠다고 약속한 분이 바로 당신인지 아니면 다른 분을 기다려야 하는지를 물어보았습니다. 어떤 사람들은 세례 요한이 감옥에 갇히자 자신감이 없어졌고 그 결과 세례 요한 자신의 부르심과 사명에 혼동이 생겨서 이런 질문을 했다고 생각합니다. 그러나 예수님께서 세례 요한을 바람에 흔들리지 않는 갈대와 비교하신 것으로 보아서 그런 것 같지는 않습니다(마 11:7).

세례 요한이 사람을 보내어 그러한 질문을 한 근본적인 이유는 예수님이 자기가 선포하였던 메시아처럼 행동하지 않았기 때문이었습니다. 그는 예수님에 의해 성령의 불로 심판이 임하는 것을 보기는커녕 성령의 세례가 임하는 것도 보지 못하였기 때문입니다.

예수님께서는 이 질문에 대해 예수님 자신이 바로 하나님 나라를 가져다줄 메시아인 것을 말씀하시면서(5절) 연이어 "누구든지 나를 인하여 실족하지 아니하는 자는 복이 있도다"(6절)라고 말씀하십니다. 왜 세례 요한은 "오실 그이가 당신이오니이까"라는 질문을 던졌을까요? 세례 요한이 보기에는 메시아에 대해 예언한 다니엘의 말이 제대로 진행되고 있다고 생각하지 않았기 때문입니다. 그 당시 정치적 상황을 보면 헤롯 안티파스가 갈릴리 지역을 통치하고 있었습니다. 로마 제국의 군대들은 예루살렘에 주둔하고 있었습니다. 모든 권력은 로마인의 것으로 이스라엘은 우상을 숭배하며 다신론을 믿던 빌라도의 손아귀에 있었습니다. 로마 제국은 이스라엘의 유대인들을 통치하면서 어느 정도는 유화정책을 써서 그들의 종교인 유대교를 인정하여 주었습니다. 그러나 유대인의 입장에서 보면 하나님만이 그들을 통치하셔야 했습니다.

　세례 요한과 그 당시 유대인들은 정치적으로 로마의 압제로부터 구해 줄 정치적 메시아가 올 것을 염원하고 있던 상황이었습니다. 그러한 메시아가 이 땅에서 모든 불의와 죄를 도말할 것이라고 생각하였습니다. 이러한 상황하에서 세례 요한은 예수님이 메시아로 오신 것을 선포하였는데 예수님은 그들의 기대에 부응하지 못하고 있었습니다. 세례 요한의 질문은 이것입니다. "예수님이 정말 메시아로 오셨다면 왜 로마는 아직도 우리를 통치하고 있고 죄와 불법이 이 땅에 관영한 것입니까? 왜 불법을 행하는 로마는 불 심판을 받지 아니합니까?" 그래서 세례 요한은 감옥에서 사람을 보내 예수님에게 "당신이 메시아로 오셨습니까?"라고 물은 것입니다. 어떻게 보면 세례 요한은 예수님 때문에 실망하고 있는 것입니다.

　이 질문에 예수님께서는 "누구든지 나를 인하여 실족하지 아니하는 자는 복이 있도다"(마 11:6)라고 대답하셨습니다. 예수님의 대답 속에는 "그래, 내가 바로 메시아다. 하나님 나라는 이미 와 있다"라는 의미가 담겨 있습니다. 이것이 바로 비밀이요, 하나님 나라에 대한 계시입니다. 하나님 나라가 온 것은 사람들이 생각한 것처럼 인간의 권위와 나라들이 사라지는 것이 아니라 사탄의 권세가 공격받는 것입니다. 하나님 나라는 임해 있는 상태입니다. 그러나 이 나라는 겉으로 나타나는 정치적 상황을 바꾼 것이 아니고 영적인 질서를 바꾸되 인간 내면의 영적 질서를 바꾸도록 이 세대를 공략한 것입니다.

이것이 곧 하나님 나라의 비밀이요, 이 비밀은 예수님이 이 땅에 오심으로 창세 후 처음으로 드러나게 되었습니다. 이제는 더 이상 숨겨진 비밀이 아니요, 이것이 바로 성경에서 말하는 하나님 나라의 비밀인 것입니다. 하나님 나라의 임함은 이중적입니다. 한 번은 이 세대가 끝나고 올 세대가 임할 때 하나님 나라가 임하는 것이고, 다른 한 번은 예수 그리스도께서 이 땅에 오심으로 임하는 것입니다. 그러므로 하나님 나라는 이 죄악 된 세상에 이미 존재해 있는 것입니다. 바로 이 비밀의 계시를 사람들이 알아채지 못하였던 것입니다. 세례 요한은 이 비밀을 또한 알지 못하였던 것입니다. 이미 도래한 하나님 나라는 인간 권세를 말살하지도 않았습니다. 이 세상에 있는 죄를 다 멸절시키지도 않았습니다. 세례 요한이 외친 것처럼 심판의 불 세례를 갖고 오지도 않았습니다. 예수님이 갖고 오신 하나님 나라는 떠들썩하게 오지 않고 조용히 왔으며, 권세를 휘두르면서 오지도 않았고 남들이 눈치 채지 못하게 왔던 것입니다. 몇 사람들만이 하나님 나라를 경험하였을 뿐 대부분의 사람들은 모른 채 지내고 있었습니다. 그러나 보이지 않는 영적인 큰 변화는 이미 시작되었습니다. 하나님 나라의 축복은 사람들에게 제공되기 시작하였고 그렇기에 여기저기서 귀신에게 묶임 받아 죄와 고통 속에서 살아가던 사람들이 놓여나기 시작하였던 것입니다. 이미 도래한 이러한 하나님 나라를 내가 받아들이느냐 안 받아들이느냐는 전적으로 개인적인 문제입니다. 하나님 나라는 이미 우리에게 와 있습니다. 그러나 이 나라를 받아들이도록 요청을 하긴 하지만 강제로 하진 않습니다.

마태복음에 나오는 여러 비유들은 이러한 하나님 나라가 이미 도래하였다는 바로 그 비밀을 밝혀 주고 있는 비유들입니다. 이 비유들은 장차 도래할 올 세대라는 하나님의 나라가 이미 몇 사람들에게 실제적으로 임하여 자리 잡아서 퍼져 나감으로 이 악한 세대를 이미 공격하였다고 말하고 있습니다.

마태복음의 첫 번째 비유는 씨 뿌리는 비유입니다. 씨 뿌리는 자가 씨를 뿌립니다. 씨는 각각 네 종류의 땅에 떨어졌습니다. 길가에 떨어진 씨들은 뿌리를 내리기 전에 새들이 와서 먹어 버렸습니다. 돌밭에 떨어진 씨들은 싹이 나긴 하였으나 흙이 많지 않아 뜨거운 태양에 견디지 못하고 금방 말라 죽어 버렸습니다. 가시밭에 떨어진 씨들은 좀 자라다가 가시들에 찔려서 자라는 것이 멈추고 말았습니다. 그러나 좋은 땅에 떨어진 씨들은 잘 자라서 많은 결실을 내었습니다.

하나님 나라는 이미 도래하였습니다. 그러나 강요된 나라는 아닙니다. 이것이 바로 하나님 나라의 비밀입니다. 하나님 나라는 도래하였지만 마치 뜨인 돌이 신상을 깨어 파쇄하듯이 도래하지는 않았습니다. 하나님 나라가 와서 악이 말살된 것은 아닙니다. 하나님 나라는 마치 씨 뿌리는 것과 같은 양상으로 왔습니다. 하나님 나라는 인간들에게 강요된 나라가 아닙니다. 좋은 마음 밭에 떨어진 씨를 제외하고는 많은 경우에 있어서 제대로 하나님 나라를 받지 못하였습니다. 어떤 사람은 하나님 나라의 말씀을 듣습니다. 그러나 마귀가 와서 그 진리를 이해하지 못하게 합니다. 그러므로 뿌리도 내리지 못하기 때문에 생명이 없습니다.

돌밭에 떨어진 경우는 하나님 나라의 말씀을 듣고 받아들이기까진 합니다. 그러나 땅이 얕아 삶의 변화가 없습니다. 지성과 감정은 따라가나 의지가 따라 주지 못하기 때문에 행위로 연결되지 않는 경우입니다. 그러므로 삶에 참된 힘이 솟구치지 못합니다. 그래서 환경이 나빠지고 핍박이 오면 그들의 삶은 열매 맺지 못하고 시들어 죽고 마는 것입니다. 그들의 고백은 거짓으로 드러나는 것입니다.

가시밭에 떨어진 경우는 말씀을 받아 생명으로 연결이 됩니다. 그러나 하나님 나라의 겸손한 모습은 삶 속에 나타나지 않습니다. 그들은 이 세상 걱정, 부에 대한 집착, 야망과 겉포장하는 삶에 많은 에너지를 투자합니다. 이 세상의 악에 휩쓸려 들어갑니다. 그래서 그들의 삶은 마치 가시에 찔린 식물과 같아서 열매를 맺지 못하게 됩니다.

이렇듯 하나님 나라는 사람들 마음에 뿌려지되 사람에 따라 그것을 거절할 수 있습니다. 이것이 바로 하나님 나라의 비밀입니다. 하나님 나라를 다 받아들이는 것은 아닙니다. 바로 이 사실이 구약의 하나님 나라를 고수하였던 세례 요한을 위시한 그 당시의 사람들에겐 실족하는 요소로 작용하였던 것입니다. 그들은 하나님 나라가 올 때에는 강력하게 오며 아무도 그 나라로부터 피할 수 없다고 생각하였습니다. 그러나 하나님 나라는 이미 조용하게 왔으며 거절하고 싶은 사람은 거절할 수도 있다는 것입니다. 이것이 바로 예수님에 의하여 비로소 계시된 하나님 나라의 비밀이었습니다. 미래의 어느 날 올 세대가 강력한 힘으로 도래할 것입니다. 그러나 또한 이미 하나님 나라가 우리 가운데 조용히 도래한 것입니다. 그리고 사람들은 그 나라를 거절할 수도 있습니다. 그러나 제대로 받아들여 삶의 행위로까지 연결될 경우 우리는 그 나라의 축복을 이 땅에 살면서도 풍성하게 누릴 수 있는 것입니다.

하나님 나라를 받아들이는 행위는 자의적인 것이 되어야 합니다. 하나님께서는 우리에게 하나님 나라를 강요하지 아니하십니다. 설교가들이 권위적으로 또는 겁을 줘 가면서 예수님 영접할 것을 강권하는 경우, 또는 감정을 띄어 놓고 살짝 영접시켜 버리는 경우가 있는데 하나님은 그렇게 하지 않으십니다. 인격적이신 하나님은 우리가 스스로 알아서 결정할 수 있도록 하십니다. 우리는 사람들 스스로가 복음을 접한 후 결정할 수 있도록 해야 합니다. 그들이 거부할 여지도 남겨 놓아야 옳은 것입니다. 복음은 공산당 투표식이 아니란 말입니다. 이것이 바로 하나님 나라의 복음입니다. 사람은 하나님 나라를 전해 받고서도 그것을 비웃거나 거절할 수 있고 실제 그러한 사람도 많이 있는 것이 사실입니다. 그렇다고 해서 우리는 영접을 강요하여서는 안 됩니다.

가라지의 비유를 살펴봅시다. 어떤 사람이 자기 밭에 씨를 뿌릴 때 그 사람의 원수도 와서 가라지의 씨를 뿌렸습니다. 뿌린 씨가 자라자 가라지도 같이 자랐습니다. 종들이 이를 보고 주인에게 가라지를 뽑아 버리자고 하였습니다. 그러나 주인은 추수 후 알곡은 알곡대로 가라지는 가라지대로 따로 가르는 작업이 어차피 있을 것이므로 추수 때까지 그냥 놔두라고 하였습니다.

이 비유를 예수님께서 풀어 해석하시면서 "밭은 세상"(마 13:38)이라고 말씀하신 것을 눈여겨보십시오. 여기서 밭은 교회가 아닙니다. 어떤 사람들은 교회 안에 착한 사람과 악한 사람이, 구원받은 사람과 안 받은 사람이 같이 다니나 추수 때에는 갈리게 된다고 가르치면서 그렇기 때문에 교회에서 잘못한 사람을 징계해서는 안 된다고 말하는데, 예수님께서는 밭은 교회라고 말씀하지 아니하시고 세상이라고 말씀하셨습니다.

연이어 예수님께서는 "좋은 씨는 천국의 아들들이요 가라지는 악한 자의 아들들이요 가라지를 심은 원수는 마귀요 추수때는 세상 끝이요"(38-39절)라고 가라지의 비유를 해석하셨습니다. 이 세대의 끝에 천사들이 와서 알곡과 가라지를 분리할 것입니다. 이날이 바로 심판의 큰 날이요, 이날 악인과 선인들이 서로 갈리는 역사가 일어날 것입니다.

그렇다면 이 가라지 비유의 핵심은 무엇일까요? 다니엘서에 보면 하나님의 나라가 오면 그때 악인들은 멸절되고 악과 죄는 이 땅에서 자취를 감추게 된다고 나와 있습니다. 그러나 이 가라지 비유에서 예수님께서는 하나님 나라가 이미 이 땅에 와 있으나 그렇다고 해서 악이 이 땅에서 소멸되는 것은 아니라고 말씀하십니다. 하나님 나라는 이 땅에 이미 와 있습니다. 그러나 구약의 사람들이 기대한 것과는 전혀 다른 방법으로 와 있다는 것입니다. 천국 복음을 받아들인 하나님 나라의 아들들과 악의 아들들은 이 세상 이 세대가 끝나 선인과 악인을 가를 때까지 같이 산다고 하셨습니다. 오직 구약만 알고 있는 사람들에게 예수님의 이러한 말씀은 충격적이었습니다. 그들은 하나님 나라가 오면 악인은 없어진다고 믿어 왔었습니다. 예수님께서 말씀하신 가라지 비유의 핵심은 바로 하나님 나라가 이미 왔고 너희 가운데 있으며 악인들은 너희와 더불어 같이 산다는 것입니다. 하나님 나라는 이미 도래하였습니다. 또한 악한 이 세대도 계속되고 있습니다. 하나님 나라가 이미 와 있지만 악인과 선인은 함께 한 사회 속에서, 한 단체 속에서 예수님께서 재림하시는 날까지 공존하는 것입니다.

예수님께서는 이어서 나오는 겨자씨 비유와 누룩의 비유에서 하나님 나라의 숨겨진 비밀들을 계시하십니다. 고대 유대 사회에서는 가치 없거나 보잘것없는 것을 겨자씨에 곧잘 비유하곤 하였습니다. 겨자씨는 매우 작고 쓸모없어 보입니다. 그러나 이 씨는 빨리 자라고 큰 나무로 자랍니다. 예수님께서는 "천국은 마치 사람이 자기 밭에 갖다 심은 겨자씨 한 알 같으니 이는 모든 씨보다 작은 것이로되 자란 후에는 나물보다 커서 나무가 되매 공중의 새들이 와서 그 가지에 깃들이느니라"(마 13:31-32)고 말씀하셨습니다.

이 겨자씨의 비유가 말하고자 하는 바는 이때까지는 계시되지 않았던 양상으로 하나님 나라가 이미 사람들 가운데 있다는 것입니다. 즉 하나님 나라가 겨자씨 한 알처럼 작고 의미 없어 보이지만 지금 이 땅에 이미 존재해 있다는 것입니다. 비록 작아 보이고 의미 없어 보여도 하나님 나라는 하나님 나라입니다. 예수님께서는 작다는 것에 속아 하나님 나라를 받아들이지 않게 되는 일이 없기를 바라십니다. 이 말씀은 또한 받아들인 사람들에게는 용기를 주는 말입니다. 때가 차면 장차 이 작은 하나님 나라는 공중의 새들이 쉼을 얻을 수 있는 매우 큰 나무가 될 것이기 때문입니다.

겨자씨 비유를 점점 커지는 겨자나무에 중점을 두어서는 안 됩니다. 많은 성경 해석자들은 이 비유의 강조점으로 겨자씨의 성장을 이 세상에서 교회가 천천히 성장하여 온 세상에 퍼지는 것에 빗대어 해석하였습니다. 그러나 이 비유의 핵심은 그것이 아닙니다. 만일 그렇다면 예수님께서는 빠르고 크게 자라는 겨자나무의 씨를 비유에 쓰지 않으시고 천천히 크게 자라는 떡갈나무의 씨를 비유에 쓰셨을 것입니다. 성장이 이 비유의 중심사항이 아닙니다. 또한 장차 도래할 하나님 나라가 큰 나라라는 것을 설명한 비유도 아닙니다. 이 비유의 핵심은 어느 날 이 땅을 차지할 하나님 나라는 이미 인간 세계에 와 있되 사람들이 전혀 상상치도 못했던 겨자씨와 같이 아주 무의미하게 보이는 것으로 와 있다는 것입니다. 이 작은 나라가 이 세상에 있다는 것입니다. 그러나 이 나라는 하나님의 나라이기에 작게 보인다고 무시함을 받을 수는 없는 그분의 나라입니다.

누룩의 비유도 같은 진리를 계시하여 줍니다. "천국은 마치 여자가 가루 서말 속에 갖다 넣어 전부 부풀게 한 누룩과 같으니라"(마 13:33). 유대에서 가정주부들은 누룩으로 만든 빵을 사지 않고 누룩을 넣어 반죽한 밀가루를 시장에서 사다가 뜨거운 곳에 둔 다음 부풀려 요리하여 먹었습니다. 이 비유는 종종 하나님의 복음이 이 세상을 점진적으로 정복할 것이라는 것을 설교할 때 사용되어 왔습니다. 이러한 성경 해석은 누룩을 넣은 빵이 점점 부풀어 커지는 것에 중점을 두었습니다. 또 어떤 사람들은 누룩은 악을 상징하며 이 비유는 교회가 하나님을 배반하는 것을 나타낸다고 해석합니다. 그러나 이런 해석은 틀린 것입니다.

여기서 잠시 지금까지 보아 온 비유들의 공통점을 살펴봅시다. 이러한 비유들을 공부하는 데 있어 조심해야 할 점은 어떤 비유에 나오는 것들의 각각이 어떤 것을 뜻해야만 하는 것은 아니라는 점을 명심해야 합니다. 비유는 일상생활의 이야기에서 나왔기 때문에 그 이야기의 구성 요소들에 어떤 의미를 각각 부여해서는 안 됩니다. 또한 우화와 비유는 다릅니다. 우화는 상상 속에서 만들어진 이야기이고 이 이야기를 만든 사람이 각각의 등장인물이나 요소에 의미를 부여하기 위하여 심혈을 기울여 만든 가상적 이야기이지만 비유는 단 하나의 진리를 말하기 위하여 일상의 삶에서 끄집어낸 이야기입니다. 그러므로 비유의 각 구성요소가 영적인 의미를 담고 있지는 않습니다. 예를 들면, 누가복음 10장에 나오는 선한 사마리아 사람의 비유를 살펴봅시다. 여기서 예수님께서는 어떤 사람이 예루살렘에서 여리고로 가는 중에 일어난 일을 말씀하셨습니다(눅 10:30-37). 이 비유는 "내 이웃이 누구오니이까"(29절)라는 어떤 사람의 질문에 대한 대답으로 한 비유입니다. 그러므로 예수님께서는 누가 우리의 이웃인지를 가르쳐 주시기 위해 선한 사마리아인의 비유를 말씀하신 것입니다. 이 이야기에 나오는 등장 요소들은 어떤 의미가 있는 것이 아니고 그저 이야기 구성을 하기 위해 사용된 것뿐입니다. 가령 이 비유에서 여행자는 누구를 가리킵니까? 다른 사람들은 누구를 가리킵니까? 예루살렘이 의미하는 것은 무엇입니까? 여리고는 무엇을 가리킵니까? 이렇게 묻는 것은 의미가 없습니다. 만일 우리가 "강도는 영적으로 무엇을 의미한다, 등장인물의 숫자가 가리키는 영적인 의미는 이것이다, 두 도시와 강도 만난 자를 싣고 간 짐승과 기름과 포도주는 무엇을 상징하며, 숙박료는 영적으로 무엇을 상징한다"고 일일이 해석을 내리면 이 비유를 잘못 해석하고 있는 것입니다.

위에서 언급한 비유 해석의 원리에 대한 이해는 누가복음 16장 1-13절에 나오는 불의한 청지기의 비유에서 살펴보면 더욱 확실해집니다. 이 비유에서 우리가 등장 요소에 일대일 식의 영적 의미를 붙인다면 목적을 위해서 수단 방법을 안 가려도 좋다는 것을 말하는 비유라고 결론을 내릴 수밖에 없습니다. 그러므로 "결과가 선하다면 거짓말로 어떤 일을 순식간에 해치워도 괜찮다는 비유이다"라는 결론이 도출됩니다. 그러나 예수님께서 그러한 것을 가르치실 리는 만무합니다. 이 비유의 핵심은 사람은 자신의 재물을 지혜롭게 사용해야 한다는 한 가지입니다. 앞으로 다가올 (영적으로) 어려운 때를 위하여 재물을 준비하여야 한다는 것이 핵심 진리이고 그 외의 것들은 그저 그 진리를 보조하는 구성요소들일 뿐입니다.

이러한 비유 해석 원리가 누룩의 비유에도 적용됩니다. 핵심은 하나님 나라가 세상으로 점점 침투해 들어간다는 것이 아닙니다. 성경 어디에도 그런 진리를 제시하고 있지 않습니다. 핵심 진리는 겨자씨의 비유와 동일하며 그것은 현재의 하나님 나라는 밀가루 반죽 한 드럼에 들어 있는 소량의 누룩과 같다는 것입니다. 그 소량의 누룩이 그 큰 분량의 반죽에 묻혀 버리는 것처럼 하나님의 나라가 이 큰 땅에 임해 있는 것도 그와 같이 무의미하게 보이고 아무도 알아주지 않는다는 것입니다. 하나님 나라는 앞으로 도래할 올 세대처럼 영광과 권능으로 모두가 목격하는 가운데 임하는 나라가 아닙니다. 현존하는 하나님 나라는 예수님을 통하여 임한 나라입니다. 예수님은 온유하고 낮은 모습으로 죽으시기 위하여 오셨으며 단지 몇몇의 제자들만 만들어 놓으셨을 뿐, 그가 당대에 미친 영향은 외적으로는 미미할 뿐이었습니다. 그렇기 때문에 당시 로마 역사가들의 기록에 예수님이 명시되지 않은 것은 당연하다고 하겠습니다. 세상의 관점에서 보면 그의 존재와 사역은 별 의미가 없었습니다. 그러나 이렇게 한 줌의 누룩과 같이 미미하게 현존하는 하나님 나라가 이 세대가 끝나는 날 영광과 권능으로 마치 누룩으로 부푼 빵이 빵 그릇을 가득 덮듯이 이 세상을 덮을 것입니다. 그리고 또한 누룩의 비유는 영광과 권능으로 도래할 하나님 나라에 대한 비유가 아니라는 사실을 기억해야 합니다.

누룩의 비유에서 누룩이 악을 상징하며 교회가 악의 침투를 받아 결국은 진리에서 떠나는 일이 마지막에는 있게 된다고 가르치는 사람들이 있는데 그것은 이 비유를 잘못 해석하는 것입니다. 그들은 성경에서 누룩은 악으로 비유되기 때문에 그러한 결론을 내릴 수밖에 없다고 주장합니다. 그러나 그러한 논리를 누룩의 비유에 적용해서는 곤란합니다. 구약성경에서 출애굽 사건을 생각해 봅시다. 성경에서 누룩에 대해 잘 언급된 부분이 출애굽 사건이기 때문입니다. 이스라엘 백성들은 하나님의 인도하심으로 애굽에서 탈출할 때 누룩이 들어 있지 않은 빵을 먹었습니다. 일부의 성경 해석자들은 그들이 출애굽 당시에 누룩 없는 빵을 먹은 것은 악의 나라 애굽에서 탈출한 것을 기념하기 위하여 악의 상징인 누룩이 없는 빵을 먹은 것이라고 억지 해석을 합니다. 그러나 출애굽기 12장 39절을 보면 "그들이 가지고 나온 발교되지 못한 반죽으로 무교병을 구웠으니 이는 그들이 애굽에서 쫓겨남으로 지체할 수 없었음이며 아무 양식도 준비하지 못하였음이었더라"라고 기록되어 있습니다. 이스라엘 백성들은 애굽에서 급하게 탈출해야 했기 때문에 누룩을 넣은 빵을 만들 시간이 없었던 것입니다. 그러므로 이 출애굽에서의 누룩은 악의 상징이 아니라 시간의 촉박함, 상황의 급박함의 상징이라고 말해야 옳습니다.

레위기 23장을 살펴봅시다. 레위기 23장에 보면 이스라엘 사람들이 오순절 축제 때 누룩을 넣어 만든 빵 두 덩이를 하나님께 바쳤습니다. 오순절은 밀 추수를 기념하기 위해 지내던 축제와 같은 날이었습니다. 이 축제는 하나님께서 그들에게 밀의 추수를 허락하셨기 때문에 지내는 감사제 성격의 축제였습니다. 하나님께 바친 누룩을 넣어 만든 빵은 이스라엘 백성들이 매일 먹는 빵과 동일한 빵이었습니다. 하나님께 바친 이 누룩 빵은 기쁨과 감사의 상징이었지, 악의 상징이 결코 아니었습니다. 여기서 누룩을 교회가 하나님을 배반하는 것의 상징으로 받아들일 사람은 아무도 없을 것입니다.

앞서 본 누룩의 비유에서도 마찬가지입니다. 누룩의 비유는 어떤 사람들이 주장하듯 누룩이 장차 교회의 배교를 상징하는 것이 아닙니다. 누룩의 비유는 하나님 나라가 조용히 작게 임하며 사람들은 그런 것에 별 반응이 없고 눈치 채지도 못하게 임한다는 것을 나타냅니다. 그러나 그렇다고 해서 그리스도를 믿는 사람들은 실망해서는 안 됩니다. 예수님이 왕으로 재림하시고 하나님 나라가 큰 영광과 권능을 동반하여 임하게 되면 누룩 빵이 빵 그릇을 덮음 같이 하나님 나라가 온 세상을 덮을 것입니다.

마태복음 13장 44절은 숨겨진 보화에 대한 비유이며, 45-46절은 값진 진주에 대한 비유입니다. 이 두 비유들도 겨자씨 비유와 누룩 비유를 해석할 때 적용했던 해석 원칙을 적용하여 해석해야 합니다. 하나님의 나라는 작은 겨자씨 한 알과 같고 적은 양의 누룩과 같아서 보잘것없어 보일지라도 하나님 나라는 하나님 나라이기에 그 가치는 상상을 초월하는 것입니다. 그렇기 때문에 그러한 하나님 나라를 갖기 위해 모든 소유를 다 팔아 보화가 묻힌 밭을 사고 진주를 사라고 주님께서 말씀하시는 것입니다. 사라고 해서 집안 세간을 다 팔아서 구원을 사라는 말이 아닙니다. 하나님이 주시는 구원은 공짜입니다. 구원은 믿음으로 받습니다. 하나님 나라는 믿음으로 받습니다. 마태복음 20장 1-16절의 포도원 품꾼의 비유를 보면 하나님 나라는 선물로 우리에게 무상 수여되는 것이지, 우리의 노력과 선행의 대가가 아님이 잘 나타나 있습니다.

하나님 나라는 우리에게 값없이 주어지는 하나님의 선물이기도 하지만 우리에게는 하나님 나라를 얻기 위하여 치러야 할 희생들이 있습니다. 세상 재물을 포기해야 하는 경우도 있고(막 10:21), 친구나 사랑하는 가족을 포기해야 하는 경우도 있습니다(눅 14:26). 그러나 재물과 가족 심지어는 나 자신의 생명까지도 우리가 하나님 나라를 소유하는 것을 방해할 수 없습니다.

그물 비유를 살펴봅시다. 그물 비유(마 13:47-51)는 하나님 나라가 사람들의 심령 가운데 이미 생각지도 못했던 방법으로 임해 있으나 선인과 악인을 나누는 일과 악의 영원한 패배는 마지막 심판 때에 일어난다는 비유입니다. 구약성경에는 최후 심판과 하나님 나라의 도래가 묵시적 사건이며 큰 재앙을 동반하는 사건으로 예언되어 있습니다. 심판 때에 하나님께서 이 땅에서 악과 악인을 제하여 버리시고 이 사회는 선인들이 다스릴 것이기에 이 사회는 기쁨이 넘쳐 나는 곳이 될 것이라는 예언입니다. 그러나 이 그물 비유에서 예수님께서는 세상 심판 전인 이 세상에 하나님 나라의 그물이 이미 쳐져서 그 안에 악인과 선인이 같이 들어 있다고 말씀하십니다. 그리고 마지막 날 천사들이 의인 중에서 악인을 갈라 낼 것이라고 하십니다(49절). 이 그물 비유의 핵심은 그물 안에 좋은 고기와 나쁜 고기가 같이 있듯이 마지막 심판 전까지는 하나님의 사역을 감당하는 사람들 가운데 악인이 끼여 있다는 말입니다. 그러나 마지막 날에 악인은 뽑혀 버려집니다.

가라지의 비유는 이 세상에서 세상 심판 날까지 선인과 악인이 공존한다고 말하는 반면에 그물 비유에서는 하나님을 따르는 사람들의 무리 속에 의인과 악인이 공존한다고 말하고 있습니다. 즉 악한 사람도 믿는 자들의 모임에 끼어들 수 있다는 말입니다. 가령 예수님을 팔아먹은 가룟 유다가 예수님의 열두 제자에 속했던 것과 같은 이치라고 할 수 있습니다. 사도행전 20장 29-30절을 보면 "내가 떠난 후에 흉악한 이리가 너희에게 들어와서 그 양떼를 아끼지 아니하며 또한 너희 중에서도 제자들을 끌어 자기를 좇게 하려고 어그러진 말을 하는 사람들이 일어날 줄을 내가 아노니"라고 기록되어 있습니다. 이 말은 믿는 자들의 무리 가운데 그렇지 않은 자들이 들어와 믿는 자들을 세상으로 다시 끌어내어 가는 일이 있다는 말입니다. 이 말씀을 근거로 하면 왜 현대 교회들이 그렇게 말씀 수호와 교회의 깨끗함을 유지하는 데 어려움을 겪고 있는지를 잘 알 수 있습니다.

이 비유에서 또한 빠뜨리지 않아야 할 것이 마가복음 4장에 나오는 다음과 같은 비유입니다: "하나님의 나라는 사람이 씨를 땅에 뿌림과 같으니 저가 밤낮 자고 깨고 하는 중에 씨가 나서 자라되 그 어떻게 된 것을 알지 못하느니라 땅이 스스로 열매를 맺되 처음에는 싹이요 다음에는 이삭이요 그 다음에는 이삭에 충실한 곡식이라 열매가 익으면 곧 낫을 대나니 이는 추수 때가 이르렀음이니라"(막 4:26-29). 이 비유는 겨자씨의 비유가 그러하듯이 씨가 점점 열매 맺는 곡식으로 자란다는 것을 나타내기 위한 비유가 아닙니다. 현대인들은 워낙 진화론의 입장에서 모든 것을 보려는 경향이 강해서 이 비유마저 이 땅에서 하나님 나라가 점점 증가한다고 해석하려는 경향이 강합니다. 그러나 현대 사상과 성경이 말하고자 하는 바를 혼동해서는 안 됩니다.

마가복음 4장 26-29절에 기록된 비밀리에 자라는 씨의 비유의 핵심은 하나님 나라는 씨 한 알에 다 들어 있다는 것입니다. 작은 씨 안에는 생명에 필요한 모든 것이 다 있습니다. 농부가 하는 일은 그저 밭에 씨를 심는 일뿐입니다. 농부가 생명의 씨에 싹이 나게 하고 자라게 하는 것이 아닙니다. 생명의 힘은 씨앗 안에 다 들어 있고 스스로 열매 맺을 힘까지 다 들어 있습니다. 이처럼 하나님 나라는 기적입니다. 이것은 하나님의 작업입니다. 초자연적인 역사입니다. 사람이 하나님 나라를 세울 수는 없습니다. 하나님께서 하시고 하나님께서 세우십니다. 하나님의 나라는 하나님의 통치입니다. 하나님께서 인간들의 심령 속에 하나님 나라가 임하도록 하십니다. 우리가 할 일은 하나님 나라의 복음을 그들에게 전하는 것입니다. 나머지는 하나님이 하십니다.

추수 전에, 이 세상의 마지막 심판이 있기 전에 이 땅에 이미 하나님 나라가 그리스도를 통하여 사람들 가운데 임하기 시작하였으며 이 나라를 심령으로 받아들이는 사람은 이 땅에서 이미 하나님 나라의 축복을 맛볼 수 있습니다. 이것이 바로 하나님 나라의 비밀입니다. 예수님은 이 땅에 오시되 겸손하게 오셨으며 갈릴리 출신의 목수로 사시다가 팔레스타인 지방에 복음을 전하시며 다니셨는데, 이때 귀신 들린 사람들이 자유케 되는 일들이 일어났습니다. 그의 제자들은 예수님처럼 갈릴리 지역의 각 촌을 돌아다니면서 같은 사역을 행하였습니다. 오늘날도 그분의 제자들이 전 세계로 나가서 같은 복음을 전하고 같은 사역을 하고 있습니다.

하나님 나라는 이 세상에 조용히 왔으며 조용히 역사하고 있습니다. 하나님 나라는 하늘에서 불과 번개를 대동하고 소리 내면서 큰 권능과 영광 가운데 임한 것이 아니고 소리 없이 조용히 그리고 작게 이천 년 전에 임하였습니다. 그리고 사람은 자신이 원하지 않으면 하나님 나라를 거부할 수도 있습니다. 거부당해도 하나님 나라는 하나님 나라입니다. 하나님 나라는 인간 내면의 삶을 변화시켜 영적인 삶, 축복된 삶을 가져다줍니다. 이것이 바로 씨 안에 다 들어 있습니다. 씨가 자라듯 영적인 생명이 우리 마음속에서 자랍니다. 그리하여 마지막 날 각자의 심령 속에 임하였던 동일한 하나님의 나라가 이번에는 사람의 심령 속에서가 아니라 전 세계에 능력과 영광으로 악과 죄를 일시에 쓸어 내면서 임하는 것입니다. 이것이 바로 하나님 나라의 복음입니다.

5 하나님 나라의 삶

예수님은 니고데모에게 "사람이 거듭나지 아니하면 하나님 나라를 볼수 없느니라 … 사람이 물과 성령으로 나지 아니하면 하나님 나라에 들어갈 수 없느니라"(요 3:3, 5)라고 말씀하셨습니다. 이 말씀은 하나님 나라와 영원한 생명을 연결시켜 주는 말씀입니다. 이 말씀은 하나님 나라에 들어가기 위해서는, 즉 영생을 얻기 위해서는 다시 태어나야 한다는 말입니다.

인간의 마음속에는 생명에 대한 배고픔이 가득합니다. 한 인간이 자신의 생명을 포기하는 경우는 어려움에 봉착하여 감정적인 균형을 상실했기 때문인 경우가 많습니다. 어느 대학 교수가 엔도크린이라는 호르몬 결핍증으로 고생하다가 고통을 견디지 못하고 음독 자살한 사건이 있었습니다. 이 사람의 경우 아품을 참지 못하여 결국 그의 인식체계의 변환이 그를 자살로 치닫게 하였다고 말할 수 있습니다. 그러나 보통의 경우 사람들의 생명에 대한 애착은 매우 큽니다.

하나님께서는 육신의 생명보다 더 귀하고 즐거움을 가져다주는 생명을 우리에게 주십니다. 이 생명이 바로 하나님 나라의 생명입니다. 우리는 "사람이 거듭나지 아니하면 하나님 나라를 볼수 없느니라"라는 구절과 "사람이 물과 성령으로 나지 아니하면 하나님 나라에 들어갈 수 없느니라"라는 성경 구절을 잘 알고 있습니다. 그러나 많은 경우 사람들은 하나님 나라의 진리와 영원한 생명을 분리시켜서 하나님 나라의 한 양상이 바로 영원한 생명이라고 생각하지는 않습니다. 어쨌든 이 성경 구절들은 성경의 두 실체들을 연결시켜 주는 구절들입니다. 이 두 실체는 서로 떨어질 수 없는 관계에 있습니다. 그리스도께서 우리에게 오셔서 주시려고 한 생명이 바로 이 하나님 나라의 생명인 것입니다.

우리는 바로 전 장에서 하나님 나라의 비밀을 밝혀 보았습니다. 이 비밀은 구약성경에서는 숨겨져 왔던 하나님의 목적을 새로 밝히는 비밀이었습니다. 구약의 입장에서만 본다면 하나님 나라의 도래는 기존 세상 체계, 정치 체계 및 인간 통치와 인간 권위 체계의 완전한 변환을 뜻하는 것이었습니다(사 2:1-4).

또한 하나님의 나라가 오면 인간의 물질세계에 변환이 옵니다(사 11:6-9). 지구가 변환됩니다. 새 하늘과 새 땅이 있게 됩니다. 이러한 새 창조 세계에는 모든 수고와 죽음이 존재하지 않습니다(사 65:17, 66:22). 하나님 나라는 어느 날 가시적인 체계들이 무너지고 새 세대에 들어감으로 도래합니다. 그러나 이러한 하나님의 나라가 실상은 가시적 체계의 변화 없이 이미 인간들에게 침투해 있다는 것이 바로 하나님 나라의 비밀입니다. 이 세대는 계속되지만 하나님 나라는 이미 이 세대에서 올 세대의 축복을 맛보고 있습니다. 사탄의 나라는 계속되고 있습니다. 그러나 하나님 나라가 사탄의 나라를 이미 침공하고 있는 상태입니다. 사람들은 지금 이러한 사탄의 권세에서 놓임받고 있고, 귀신들에게 풀려나고 있고, 죄와 죽음에서부터 구출되고 있습니다. 이러한 구출이 가능한 것은 미래에 도래할 하나님의 영광의 나라가 이미 사람들 가운데 조용히 남모르게 이미 도래하였기 때문입니다. 예수를 믿는 우리들은 이 악한 세대에 살더라도 미래에 도래할 영광의 나라의 맛을 이 땅에서 지금 맛보며 살 수 있습니다.

마태복음 25장에 보면 예수님의 마지막 심판에 관한 것이 묘사되어 있습니다. 그분은 양과 염소를 분별하는 것과 같이 사람들을 나눌 것입니다. 이러한 분별 작업의 결과에 대한 말씀이 바로 34절에 나와 있습니다. "그 때에 임금이 그 오른편에 있는 자들에게 이르시되 내 아버지께 복 받을 자들이여 나아와 창세로부터 너희를 위하여 예비된 나라를 상속하라." 만약에 이 구절이 하나님 나라에 대해 말해 주는 유일한 구절이라고 한다면 하나님 나라는 예수님의 재림 시에나 도래할 미래적 나라요, 그 때가 되어야 비로소 의인들이 하나님 나라의 축복 속으로 들어간다고 말할 수밖에 없을 것입니다.

그러나 46절을 봅시다. 이 절은 요약 구절입니다. "저희는 영벌에, 의인들은 영생에 들어가리라 하시니라." 의인들이 하나님 나라에 들어간다는 말은 그들이 영생에 들어간다는 말과 동일한 말입니다. 여기서 예수님께서 다시 오실 때 이루어질 하나님의 나라와 영생은 동의적으로 쓰였음을 알 수 있습니다. 영생은 미래적 사건입니다. 영생은 예수님께서 영광 중에 재림하실 때 세워질 하나님 나라에 속한 것입니다.

마태복음 19장에도 같은 진리가 기록되어 있습니다. 마태복음 19장은 이미 살펴본 장입니다. 젊은 사람이 예수님께 찾아와서 물었습니다. "선생님이여 내가 무슨 선한 일을 하여야 영생을 얻으리이까"(16절). 이 영생은 마태복음 12장 46절의 영생과 동일한 영생입니다. 예수님께서는 "네가 온전하고자 할찐대 가서 네 소유를 팔아 가난한 자들을 주라 … 그리고 와서 나를 좇으라"고 대답하셨습니다. 그러나 그 젊은 사람은 근심하며 돌아갔습니다. 그러자 예수님께서는 제자들에게 "내가 진실로 너희에게 이르노니 부자는 천국에 들어가기가 어려우니라"(23절)고 대답하셨습니다. 이 말씀을 주의하여 봅시다. 젊은 사람은 "어떻게 하면 영생을 얻겠느냐?"라고 질문을 던졌고 예수님께서는 "부자는 천국에 들어가기 어렵다"고 대답하셨습니다. 만약에 젊은 사람이 "어떻게 하면 천국에 들어가겠습니까?"라고 물었다면 예수님께서는 "부자는 영생을 얻기 힘들다"라고 대답하셨을지도 모릅니다.

24절을 보면 예수님께서는 이 대답에 "약대가 바늘귀로 들어가는 것이 부자가 하나님의 나라에 들어가는 것보다 쉬우니라"는 말을 덧붙이셨습니다. 그러자 제자들이 놀라 "그런즉 누가 구원을 얻을 수 있으리이까"(25절)라고 질문하였습니다. 이러한 구절들에서 다음 사실들이 분명해집니다. 영생, 하나님 나라, 천국, 구원, 이 단어들이 다 동의적으로 쓰였으며, 이 말들은 예수님을 따르는 사람들에게 약속된 미래에 속한 단어들입니다.

그런데 만일 이것이 복음의 전부라면 우리는 지금 이 땅에서는 영생과 그에 따르는 기쁨을 소유할 수 없다는 말이 됩니다. 그 말이 사실이라면 우리는 구원과 영생을 기다리고 있어야만 합니다. 그 말은 또한 어느 날 우리는 구원될 것이라는 말입니다. 그렇다면 우리는 어떤 의미에서 구원은 오늘 받았지만 영생에 들어가는 것은 미래적 사건이라고 말해야 할 것입니다. 따라서 현재 우리가 받은 구원은 장차 예수님께서 다시 오시면 하나님 나라에 들어갈 수 있고 그때 가서 영생을 받을 수 있게끔 해주는 계약서일 뿐입니다. 만약 위 성경 구절들이 복음의 전체를 대변하여 주는 구절들이라면 지금 이곳에서 우리가 영생을 체험할 수 있는 방법은 전혀 없게 되는 것입니다. 생명은 미래적 사건이요, 올 세대에 속하게 되는 것입니다. 그렇다면 어떻게 해서 미래적 사건이 현재적 실체도 될 수 있겠습니까?

생명은 실상 미래에 속한 것입니다. 사도 바울은 고린도후서 5장에서 부활에 대하여 논하면서 이 점을 분명히 하였습니다. 그는 고린도후서 5장 1절에서 미래의 어느 날 "하나님께서 지으신 집 곧 손으로 지은 것이 아니요 하늘에 있는 영원한 집"을 얻게 될 것을 소망하였습니다. 이 소망은 성도들이 부활의 몸을 입게 될 예수 그리스도의 재림의 날에 이루어질 것입니다. 육신을 입고 있는 우리는 탄식하면서까지 부활의 몸을 가지게 될 것을 간절히 사모합니다(4절). 4절에서 죽음은 몸을 떠나는 것으로 '벗는다' 고 표현되고 있는데 사도 바울이 바라는 것은 벗는 것이 아니고 부활의 몸을 '덧입는' 것입니다. 이 이유는 죽을 몸이 생명에게 삼킨 바 되기 위함이라고 바울은 표현합니다(4절).

이것이 바로 영생입니다. 영원한 생명이란 온전한 사람과 관계 있는 말입니다. 혼만이 아니요, 육도 포함되는 말입니다. 우리가 마지막에 하나님 나라를 유업으로 받게 되면(고전 15:50) 썩을 수밖에 없는 육체가 썩지 아니하는 육체를 덧입게 되고 그러므로 사망이 이김의 삼킨 바가 됩니다(고전 15:54). 하나님 나라를 유업으로 받는다는 것은 육신의 것인 혈과 육이 변화한다는 말입니다(50절). 우리는 모두 육신을 입고 있기에 언젠가는 다 죽습니다. 서서히 고통스럽게 죽어 가는 사람도 있겠고 사고를 당해 순간적으로 죽는 사람도 있겠고 죽는 날까지 강건하게 살다가 죽는 사람도 있을 것입니다. 하여튼 우리는 다 이 육신을 떠납니다.

그러나 하나님께서는 우리를 위해 더 좋은 것을 예비해 놓으셨습니다. 그 어느 날이 되면 썩을 육신은 생명에게 삼킨 바 됩니다. 그날이 되면 올 세대의 생명이 우리에게 덧입혀져서 다시는 병에 걸리거나 관절염, 고혈압, 당뇨병으로 고생하지 않게 됩니다. 그때가 되면 의사들이 병원 문을 닫아야 할 것입니다. 병원과 양로원이 텅텅 비게 될 것입니다. 영생이란 구원이며, 동시에 육신의 변환을 뜻합니다.

요한계시록에는 장차 우리가 받을 영생에 대하여 잘 나와 있습니다. "또 저가 수정 같이 맑은 생명수의 강을 내게 보이니 하나님과 및 어린 양의 보좌로부터 나서 길 가운데로 흐르더라 강 좌우에 생명 나무가 있어 열 두가지 실과를 맺히되 달마다 그 실과를 맺히고 그 나무 잎사귀들은 만국을 소성하기 위하여 있더라"(계 22:1-2). 이것이 우리가 영생을 얻게 될 때 경험하게 될 것들입니다. 우리는 생명의 강을 마시게 되고 다시는 죽음을 당하지 않을 것입니다. 생명나무의 과실을 먹게 되고 다시는 고통 당하고 불행을 겪는 일들이 없을 것입니다. 또한 우리가 영생을 얻게 될 때 하나님께서 우리를 위해 예비하신 생명을 온전하게 맛볼 것입니다. 생명나무의 잎들은 각 나라들을 고치는 치유의 기능을 감당하게 됩니다. 우리는 "그 잎을 따서 몸에 문지르면 어떻게 될까요?" 또는 "차를 다려 먹을 수 있을까요?"라고 질문 할 수도 있습니다. 그러나 이러한 성경 구절들은 단지 하나님 나라의 영광스런 것들을 나타내기 위한 시적 표현일 수도 있습니다. 하여튼 그때에는 죽음이 생명에게 삼킨 바 됩니다.

3절에 요한은 "다시 저주가 없으며 하나님과 그 어린 양의 보좌가 그 가운데 있으리니 그의 종들이 그를 섬기며"라고 올 세대를 표현하고 있습니다. 우리가 영생의 몸을 덧입는 것도 좋지만 그 나라의 가운데에 하나님께서 계시다는 것이 더욱더 좋습니다. 하나님의 백성들은 그분의 얼굴을 보게 되는 것입니다(4절). 그곳은 죄와 육의 장벽이 없기 때문에 그분의 얼굴을 뵈올 수 있게 됩니다. 하나님과 온전히 교제하게 되고 하나님의 사랑을 흘러넘치게 받아 기쁨을 주체할 수 없게 됩니다. 그리고 각 사람의 이마에는 하나님의 이름이 있게 됩니다(4절). 이러한 표현들은 하나님과 온전한 사랑의 교제를 나눈다는 것의 시적인 표현이기도 합니다. 우리는 전적으로 그분에게만 속하게 되고 하나님의 계획들이 우리 속에서 완전하게 이루어지게 됩니다. 이것이 생명이요, 영생이며, 또한 하나님 나라에서 누리게 될 삶입니다.

고린도전서 15장 24-26절에서 사도 바울은 부활에 관하여 다음과 같이 말하고 있습니다. "그 후에는 나중이니 저가 모든 정사와 모든 권세와 능력을 멸하시고 나라를 하나님 아버지께 바칠 때라 … 맨 나중에 멸망 받을 원수는 사망이니라." 그렇습니다. 그때가 되면 예수님께서 그 나라를 아버지께 돌려 드립니다. 그러면 사망은 더 이상 없고 영원한 삶만 있게 되는 것입니다. 하나님 나라를 대적하는 사탄의 나라는 더 이상 존재하지 않게 되고 하나님 나라만 영존하게 되는 것입니다. 그곳에서의 삶은 혼적인 삶만 있는 것이 아니고 완전한 인간으로서의 삶이 있습니다. 부활체로서의 육신을 가진 완전한 인간을 하나님이 그 나라에서 영원히 돌보십니다.

그러므로 완전한 생명은 미래에 있습니다. 그러나 요한복음 10장 10절에는 "내가 온 것은 양으로 생명을 얻게 하고 더 풍성히 얻게 하려는 것이라"라고 기록되어 있습니다. 예수님께서는 이미 오셔서 우리에게 이 세상에서 풍성한 삶을 살 수 있도록 해 놓으셨습니다. 이 말은 올 세대에서 경험할 영생을 이 세대에 살면서도 누릴 수가 있다는 말입니다.

요한복음 3장 36절은 아들을 믿는 자는 영생이 있다고 말합니다. 또한 요한복음 5장 24절에서는 예수 그리스도를 보내신 하나님을 믿는 자는 영생을 이미 얻었다고 말합니다. 그렇습니다. 우리는 이미 영생을 소유하였습니다. 그러나 그 영생을 지금은 온전히 만끽하지는 못합니다. 그 예로, 불신자가 죽듯이 아무리 예수님을 잘 믿어도 이 세대에 사는 신자는 죽을 수밖에 없습니다. 신자도 어려움을 당하고 병원에 입원합니다. 우리는 영생을 얻었지만 이 세대에서는 한정적으로 누립니다. 그러나 올 세대에서는 완전히 누리게 될 것입니다.

위에 열거한 영생에 관한 성경 구절들은 하나님 나라는 두 세대에 걸쳐 있다고 하는 저자의 주장을 뒷받침하여 줍니다. 올 세대는 미래적 사건입니다. 그러나 올 세대의 능력들은 이미 이 세대에 침투하였습니다. 하나님 나라는 미래에 속한 나라입니다. 그러나 하나님 나라의 축복은 사탄과 죄에서 인간들을 구원하기 위하여 이미 이 세대에 침투하였습니다. 우리는 새로 태어나는 중생 체험을 통해 올 세대를 이 세대에 가질 수 있습니다.

영생이 무엇입니까? 첫 번째로, 영생은 하나님을 아는 것입니다. 두 번째로, 영생은 하나님의 영이 우리 속에 살고 있는 것입니다. 그러면 먼저 영생은 왜 하나님을 아는 것인가에 대해서부터 말해 보겠습니다. 요한복음 17장 3절은 "영생은 곧 유일하신 참 하나님과 그의 보내신 자 예수 그리스도를 아는 것이니이다" (요 17:3)라고 말하고 있습니다. 성경에서 말하는 '알다' 또는 '아는 것' 이라는 표현은 생각으로 안다는 뜻이 아닙니다. 생각으로 안다는 개념은 헬라적 개념입니다. 성경에서의 지식은 체험으로 터득한 앎입니다. 지식은 체험입니다. 지식은 인격적 관계입니다. 지식은 사귐입니다. 내가 내 친구 요한을 알고 있습니다. 이 말은 그의 나이, 출생지, 가족 관계, 직업에 대해 알고 있다는 말이 아닙니다. 내가 그에 대해 이 모든 것을 알 수 있어도 내가 그를 안다고 할 수 없습니다. 내가 그에 대해 이보다 더 많은 사실을 알아도 나는 그를 안다고 말할 수 없습니다. 어떤 사람에 대해 안다는 것은 그 사람과 친밀한 교제 관계를 갖는다는 말입니다. 그래서 그 두 사람이 서로 우정의 관계를 갖고 있다는 말입니다.

영생이 하나님을 아는 것이라는 말은 어떤 사람이 성경을 많이 외우고 있고 주기도문을 잘 외우고 하나님에 대한 사실을 잘 알고 있다는 말이 아닙니다. "영생은 곧 유일하신 참 하나님과 … 예수 그리스도를 아는 것이니이다." 하나님과 친밀한 관계를 가지십시오. 하나님을 친한 친구로 사귀십시오. 그분과 인격적인 관계를 유지하십시오. 그러면 당신은 하나님을 안 것이고 영생을 갖는 것입니다.

요한계시록을 살펴봅시다. "다시 저주가 없으며 하나님과 그 어린 양의 보좌가 그 가운데 있으리니 그의 종들이 그를 섬기며 그의 얼굴을 볼터이요 그의 이름도 저희 이마에 있으리라"(계 22:3-4). 올 세대는 반드시 옵니다. 그때가 되면 우리는 그렇게도 보고 싶었던 하나님 아버지와 얼굴을 마주 보며 흠 없는 교제를 할 수 있습니다. 그러나 이미 우리가 영생을 소유했노라고 성경은 또한 말해 주고 있는데, 이 말은 지금 우리가 있는 이곳, 이 시간에 이미 우리는 하나님과의 교제 관계에 들어가 있다는 말입니다. 영생이라는 뜻은 이미 우리가 하나님에게 연결되었다는 말입니다. 영생이란 말은 하나님이 우리의 하나님이 되시고 우리는 그의 백성이 되었다는 말입니다. 그분의 생명이 이미 우리의 것이 되었다는 말입니다.

하나님을 온전히 아는 것은 올 세대가 왔을 때 가능합니다. 하나님의 나라가 온전히 세워지는 그날부터 가능합니다. 이 점은 예레미야 선지자의 다음과 같은 예언을 보면 더욱더 명백해집니다. "나 여호와가 말하노라 보라 날이 이르리니 내가 이스라엘 집과 유다 집에 새 언약을 세우리라 나 여호와가 말하노라 이 언약은 내가 그들의 열조의 손을 잡고 애굽 땅에서 인도하여 내던 날에 세운것과 같지 아니할 것은 … 나 여호와가 말하노라 그러나 그 날 후에 내가 이스라엘 집에 세울 언약은 이러하니 곧 내가 나의 법을 그들의 속에 두며 그 마음에 기록하여 나는 그들의 하나님이 되고 그들은 내 백성이 될것이라"(렘 31:31-33). 이어지는 절에는 "그들이 다시는 각기 이웃과 형제를 가리켜 이르기를 너는 여호와를 알라 하지 아니하리니 이는 작은 자로부터 큰 자까지 다 나를 앎이니라 내가 그들의 죄악을 사하고 다시는 그 죄를 기억지 아니하리라 여호와의 말이니라." 그날에는 성경공부도 없고 부흥 사경회도 없고 성경학교나 성경 세미나도 없고 주일학교도 없습니다. 왜냐하면 그날 이후에 우리가 가질 하나님과의 온전한 교제 그 자체가 그분을 온전히 아는 것이기 때문입니다.

바로 위의 성경 구절들은 하나님과 인간들이 어떠한 교제 상태에 들어가는지를 잘 나타내 주는 말입니다. 그러나 이것은 올 세대에 속한 교제 상태입니다. 이것이 바로 예레미야 선지자가 예레미야 31장에 예언한 내용입니다. 완전한 교제는 올 세대에 이루어지며, 이 교제가 바로 영생이요, 하나님과의 친밀한 교제이며, 그분을 완전히 아는 것입니다.

그러나 요한복음은 이미 우리가 영생을 가졌노라고 말합니다. 이 말은 우리 하나님을 이미 알고 있다는 말입니다. 이 말은 미래적 교제가 현재로 침투하여 있다는 말입니다. 미래의 축복이 현재에 이미 시작되어졌다는 말입니다. 온전하진 않지만 이미 시작되었습니다. 요한복음 17장 3절 말씀은 미래에 이루어질 약속이 아닙니다. 이미 이루어진 약속이기 때문에 우리는 그분을 지금 알 수 있고 그분과 교제할 수 있습니다. 그 교제와 앎은 올 세대에 완전하여집니다.

하나님을 안다는 것은 머리로만 아는 것이 아니고 삶 전체로 아는 것입니다. 진리를 안다는 것은 머리로써 아는 것 이상이어야 합니다. 요한복음 3장 21절에서 말하듯이 진리는 행하는 진리여야 합니다. 우리가 하나님을 온전히 알게 되면 우리는 우리가 이 세상에서는 결코 소유할 수 없었던 하나님을 앎으로 느끼는 기쁨을 체험할 수 있게 됩니다. 그때가 오면 우리와 하나님과의 교제가 장로교인, 침례교인, 성결교인, 순복음교인이라는 표식을 지워 버릴 것입니다. 전천년설을 주장하건 후천년설을 주장하건 또는 무천년설을 주장하건 상관없이 우리는 하나님과 온전한 교제에 들어가게 됩니다. 하나님을 이 땅에서 경험하고 아는 것은 한정적이며 불완전합니다. 그렇다고 해서 가짜의 경험과 지식은 결코 아닙니다. 불완전하긴 해도 이 땅에서의 다른 경험과 지식에 비한다면 비교도 안 될 만큼 놀라운 지식이요, 생명이며 교제인 것입니다.

이 땅, 이 세대에서 우리가 하나님을 온전히 알지 못하고 경험하지 못하기 때문에 야기되는 문제가 있습니다. 올 세대가 도래한 이후에는 그리스도인들 가운데 의견의 불일치가 있을 수 없습니다. 그들 모두가 완전한 지식을 갖고 있기 때문입니다. 그러나 이 땅에서는 그렇지 않기 때문에 그리스도인과 신학자들 사이에서 어떤 문제나 주제에 대해서만은 다양한 의견들이 있습니다. 그러나 실제로 문제는 의견들이 서로 다르다는 것에 있는 것이 아니고 자기 견해와 지식이 다른 사람의 견해와 지식보다 더 옳다고 밀어붙이는 데 있습니다. 심한 경우 나의 지식은 맞고 상대방의 견해는 틀리다고 하고, 이보다 더 심한 경우는 나의 지식은 하나님이 가르쳐 주신 계시이고 상대방의 지식과 견해는 마귀가 가르쳐 준 것이라고 말하는 것입니다. 이러한 불찰들은 우리에게 있는 모든 지식은 올 세대에 우리가 알 온전한 지식과는 비교도 되지 않게 불완전한 것이라는 사실을 인정치 않는 데 있습니다. 그러므로 올바른 태도는 우리가 불완전한 지식을 가졌으므로 어떤 교리나 성경 말씀에 대해 모든 부류의 사람들이 다 같은 견해를 가질 수가 없다는 것을 인정하는 태도입니다. 성경은 분명히 우리의 지식이 온전하지 않다고 말해 주고 있지 않습니까? 사도 바울은 고린도전서 13장에서 하나님에 대한 인간 지식의 불완전성을 지적하고 있습니다.

고린도전서 13장 12절을 보면 "우리가 이제는 거울로 보는것 같이 희미하나 그 때에는 얼굴과 얼굴을 대하여 볼 것이요 이제는 내가 부분적으로 아나 그 때에는 주께서 나를 아신 것 같이 내가 온전히 알리라"라고 기록되어 있습니다. 우리가 부분적으로 알기에 하나님께서는 이 세대에 예언과 방언과 지식과 지혜의 말씀을 허락하셔서 하나님을 보다 더 잘 알도록 하셨습니다. 그러나 예언과 방언과 지식과 지혜와 말씀의 은사를 가졌다 하더라도 우리는 온전히 알고 있다고 생각하거나 내가 남보다 많이 알고 더 잘 안다고 자만하고 교만해서는 안 됩니다. 그런 사람은 어린아이와 같은 상태의 사람입니다(고전 13:11). 올 세대의 그날이 되어야 우리가 모든 것을 온전히 알 수 있음을 명심해야 합니다. "온전한 것이 올 때에는 부분적으로 하던 것이 폐하리라 내가 어렸을 때에는 말하는 것이 어린 아이와 같고 깨닫는 것이 어린 아이와 같고 생각하는 것이 어린 아이와 같다가 장성한 사람이 되어서는 어린 아이의 일을 버렸노라 우리가 이제는 거울로 보는것 같이 희미하나 그 때에는 얼굴과 얼굴을 대하여 볼 것이요 이제는 내가 부분적으로 아나 그 때에는 주께서 나를 아신 것 같이 내가 온전히 알리라"(고전 13:10-12).

우리는 그날에 더 이상 지식에 있어서 어린아이와 같지 아니합니다. 그날에는 이 세상에서의 불완전한 지식도 그치고 방언도 그치고 예언도 그칩니다. 그러나 그날이 와도 없어지지 아니하는 것이 있으니 그것이 바로 사랑입니다. 사랑만이 우리를 하나 되게 합니다. 그 사랑은 이미 이 세대로 침투한 하나님 아버지의 우리를 향한 사랑인데 그 사랑을 우리는 가져야 합니다. 또한 그 사랑을 알아 가는 데 우리가 커 가야 합니다. 그러면 우리가 불완전하긴 하지만 이 땅에서라도 어린아이의 일을 버리며 성숙하여질 수 있습니다. 성령님께서는 우리에게 하나님 아버지의 사랑으로 남을 사랑할 수 있는 사랑의 은사를 우리에게 주셨습니다. 우리가 이 하나님 아버지의 사랑을 가지고 남을 사랑할 때에 하나님 나라가 땅에서도 이루어지게 해 달라는 기도가 완전하진 않더라도 실현은 되는 것입니다.

그렇기 때문에 사도 바울도 고린도전서 13장 12절에서 우리가 이제 이 세상에서는 거울을 보는 것처럼 희미한 지식을 가질 뿐이라고 말하고 있지 않습니까? 그 당시의 거울은 지금의 거울과는 달리 구리를 잘 갈아 만든 거울이어서 지금처럼 얼굴을 잘 볼 수 없었습니다. 구리거울에 비친 상은 온전한 상이 아니었습니다. 우리가 이 세대에서 아무리 훌륭한 신자이고 훌륭한 목사이고 훌륭한 영성 사역자라고 하더라도 우리가 가진 지식은 구리거울에 비친 희미한 상에 불과하다는 사실을 꼭 기억하고 있어야 합니다. 그래야 겸손해지고 사랑을 줄 수 있으며 의견이 다른 사람을 수용할 수가 있습니다. 우리는 지금 불완전한 이 세대에 살고 있음을 기억하십시오. 그러나 그날이 오면 우리는 거울을 통하지 않고 얼굴과 얼굴을 직접 보듯이 실상을 보게 되고 온전한 지식을 알고 경험하게 됩니다.

12절에 보면 "내가 부분적으로 아나"라는 말이 나옵니다. 모든 인간은 이 땅에서는 온전한 지식을 가질 수 없습니다. 사도 바울의 내가 부분적으로 알고 있다는 이 겸손한 고백은 우리를 겸허하게 만듭니다. 우리를 매일 예수께로 인도하게 만듭니다. "내가 곧 길이요 진리요 생명이니"라고 말씀하신 예수께로 인도하게 만들고, "나로 말미암지 않고는 아버지께로 올 자가 없느니라"라고 말씀하신 예수께로 인도되게 만듭니다. 우리는 성경을 연구하고 하나님의 말씀도 파고들어야 하지만 무엇보다 하나님을 기다려야 합니다. 우리가 아무리 그분의 말씀을 연구하고 잘 안다고 생각하더라도 바울처럼 "하나님, 내가 아는 지식은 부분적입니다"라고 말할 수 있어야 합니다.

이러한 고백을 통해서 우리는 성경을 보다 잘 습득할 수 있고 우리와 의견을 달리하는 형제들과 보다 잘 교제할 수 있습니다. 이것이 하나님께서 원하시는 바이지, 의견이 다름을 이유로 형제들과 교제를 차단하는 것은 결코 하나님이 원하시는 바가 아닙니다. 우리는 악한 세대에 살고 있기 때문에 최선을 다한 후에는 "주님, 당신의 말씀을 공부했습니다. 그렇지만 제가 부분적으로만 알고 있습니다"라고 고백할 수 있어야 합니다.

"제가 부분적으로 압니다"라고 고백한다는 것은 하나님께 대한 우리의 겸손함을 나타내는 것이요, 형제들에 대하여서는 열린 마음으로 그들을 수용하는 것을 나타내는 것입니다. 어느 날부터 우리는 얼굴과 얼굴을 대하듯 진리를 소유하게 될 것이요, 하나님께서 우리를 아시듯이 우리도 하나님을 알 것입니다. 올 세대가 도래하기 전에 우리가 진리의 기본 골격만이라도 알 수 있다는 것은 얼마나 큰 축복입니까? 하나님을 아는 것이 영생으로, 우리는 이미 영생을 가졌습니다.

그럼 영생의 두 번째 의미에 대해 알아봅시다. 영생의 두 번째 의미는 하나님의 영이 우리 속에 살고 있다는 말입니다. 성경은 사람이 물과 성령으로 거듭나지 아니하면 하나님 나라를 볼 수도 없고 그곳에 들어갈 수도 없다고 말하고 있습니다. 올 세대에서의 삶은 성령이 온전히 주관하는 삶입니다. 고린도전서 15장에 보면 사도 바울은 올 세대의 삶, 즉 영광스럽게 변화된 육을 입고 살아가는 삶을 학수고대하였음을 잘 알 수 있습니다. 그러기에 사도 바울은 "죽은 자의 부활도 이와 같으니 썩을 것으로 심고 썩지 아니할 것으로 다시 살며 욕된 것으로 심고 영광스러운 것으로 다시 살며 약한 것으로 심고 강한 것으로 다시 살며 육의 몸으로 심고 신령한 몸으로 다시 사나니 육의 몸이 있은즉 또 신령한 몸이 있느니라"(고전 15:42-44)고 말하고 있는 것입니다.

그렇다면 사도 바울이 말한 신령한 몸이란 무엇일까요? 이런 질문에 대해 여러분께서는 금방 이런 생각을 할 것입니다: "어떻게 영의 몸이란 말이 가능할까? 몸은 물질적인 것이요, 영은 비물질적인 것인데 영의 몸이라니 이성적으로 안 맞는 말이다." 그러나 사도 바울이 말한 '신령한 몸'이라는 말의 뜻은 몸이 영으로 구성되었다는 말이 아닙니다. 이 말은 몸의 에너지의 근원이 성령으로 말미암은 몸이라는 말입니다. 그러므로 신령한 몸은 진짜 몸입니다. 이 몸은 만져질 수 있는 몸입니다. 그러나 몸의 에너지원은 성령입니다. 그러므로 신령한 몸은 성령에 의해 움직여지는 육체입니다.

고린도후서 5장의 육적인 몸을 가진 상태에서 영적인 몸을 덧입는 부분에 대해서는 이미 살펴본 바가 있습니다(4절). 그 다음 절인 5절을 보면 "곧 이것을 우리에게 이루게 하시고 보증으로 성령을 우리에게 주신 이는 하나님이시니라"라고 쓰여 있습니다. 그리고 에베소서 1장 13-14절 말씀을 봅시다. "그 안에서 너희도 진리의 말씀 곧 너희의 구원의 복음을 듣고 그 안에서 또한 믿어 약속의 성령으로 인치심을 받았으니 이는 우리의 기업에 보증이 되사 그 얻으신 것을 구속하시고 그의 영광을 찬미하게 하려 하심이라." 여기서 우리가 받는 기업(유산, 상속)이 무엇이라고 되어 있습니까? 이것은 바로 완전한 생명이요, 몸의 구속이요, 우리의 죽을 수밖에 없는 육적 몸이 영광과 능력의 신령한 몸으로 변화되는 것입니다. 고린도전서 15장 42-50절, 고린도후서 5장 1-10절 그리고 에베소서 1장 14절은 이러한 신령한 몸과 연관되는 구절들입니다. 하지만 아직은 우리가 신령한 몸을 유업으로 소유하고 있지는 않습니다. 그러나 우리는 그

것에 대한 확실한 약속은 갖고 있습니다. 그것이 바로 성령으로 도장 찍은 깨어질 수 없는 하나님의 약속입니다. 그러므로 우리는 신령한 몸을 올 세대에 가질 수 있는 것입니다.

그럼 이제는 약속의 성령으로 인치심을 받았다는 것이 무슨 말인지 알아봅시다. 그 말은 우리가 가령 하늘나라에서 100에 해당하는 것을 받는다면 지금은 매번 10 정도에 해당하는 것을 지불받고 있다는 뜻입니다. 이 인치심은 미래만의 것이 아니라는 말입니다. 이미 그때 받을 온전한 것의 일부가 이 세대의 우리에게 지불되고 있다는 뜻을 지닌 것입니다. 이 말은 내가 사고자 하는 집이 일억 원인데 하나님께서 나에게 이미 천만 원을 이 세대에서 주셔서 그것을 내 것이 되게 하셨다는 말로 이해하면 쉽습니다.

지금 우리가 받은 성령은 천만 원에 해당되고 그래서 앞으로 올 마지막 그날에 입을 영적 몸이 이미 미래적 약속으로 확실하게 우리에게 주어졌다는 것입니다. 계약은 이미 끝났고 그날 우리는 그것을 가지기만 하면 됩니다. 이 말이 바로 '약속의 성령으로 인치심을 받았다' 는 말의 정확한 뜻인 것입니다. 또한 이미 천만 원은 지불되었기 때문에 우리는 어느 정도 이 땅에서 살면서도 그 집을 내 것인 것처럼 소유하면서 살 수 있다는 말입니다. 우리가 성령 안에서 살면 그 집은 우리 집이요, 신령한 몸이 사는 것처럼 이 땅에서도 어느 정도는 살아갈 수 있다는 말입니다. 영생의 체험은 완전치 않지만 이 땅에서 경험할 수 있는 실체이며 먼 훗날만의 이야기가 아니라는 말입니다. 우리는 지금 여기서 하늘나라를 소유할 수 있습니다. 이 땅에서의 천국 체험은 완전한 천국 체험은 아니지만 실제로 천국을 체험하는 체험입니다. 결코 가짜 체험이 아니라는 말입니다.

로마서 8장 22-23절이 말하고 있는 바도 마찬가지입니다. "피조물이 다 이제까지 함께 탄식하며 함께 고통하는 것을 우리가 아나니 이뿐 아니라 또한 우리 곧 성령의 처음 익은 열매를 받은 우리까지도 속으로 탄식하여 양자 될것 곧 우리 몸의 구속을 기다리느니라." 여기서 바울은 이 세상의 모든 피조물들이 하나님의 구원의 목적이 이루어지는 날, 즉 몸이 구속되는 날, 올 세대가 도래하는 날만을 학수고대한다고 말하고 있습니다. 그날에 우리는 새로운 영적 몸을 갖게 됨으로 말미암아 하나님의 영광의 자리에 있게 되는 것입니다. 그날이 오면 우리의 썩을 육체는 구속함을 받아 새로운 몸으로 바뀝니다. 이것이 바로 몸의 구속인 것입니다. 부활의 능력이 죽은 예수 그리스도를 새 몸으로 입게 하셨듯이 우리도 새 몸으로 입힘을 받습니다. 그날이 오기까지 우리는 고통 가운데서, 어려움 가운데서 탄식합니다. 그러나 우리가 어려움 가운데만 있을 수 없는 것은 우리는 이미 예수님의 첫 부활이라고 하는 첫 열매를 이 땅에서 가진 경험이 있다는 사실 때문입니다.

첫 열매란 무엇입니까? 제가 살고 있는 집 마당에는 복숭아 나무 한 그루가 있습니다. 매년 봄이면 꽃이 핍니다. 올해도 봄이 되자 꽃이 피었습니다. 그러나 열매는 아직 달리지 않았습니다. 꽃은 열매가 아닙니다. 그러나 꽃이 없으면 열매가 달릴 수 없습니다. 복사꽃이 만발한 것을 보고 나는 앞으로 달릴 열매들을 미리 그려 봅니다. 이제 꽃이 다 지고 잎이 나왔습니다. 그러나 잎이 열매는 아닙니다. 잎이 나오고 얼마 안 지나자 복숭아나무에서 조그만 복숭아 열매들이 수없이 나타나기 시작하였습니다. 그러나 올해 한 차례 비바람을 동반한 폭풍이 몰아치자 많은 열매들이 떨어졌습니다. 그 어디에도 첫 열매라고 할 만한 것이 없었습니다. 그리고 얼마가 지난 어느 날 나무에 달린 설익은 복숭아들 가운데 한 개의 잘 익은 복숭아가 눈에 띄었습니다. 저는 그것을 따서 달콤한 맛을 보았습니다. 그것이 바로 첫 열매인 것입니다. 그러나 추수는 아닙니다. 나무에 열린 것들을 대량으로 수확하는 그날이 곧 옵니다. 그날이 바로 대추수의 날입니다. 그날은 곧 옵니다. 현재 저는 그 첫 열매를 맛보았을 뿐입니다. 그리고 제가 아는 것은 수확의 그날은 조만간 온다는 것입니다.

하나님께서는 앞으로 우리가 부활체를 입게 될 첫 열매로서 성령을 우리에게 주셨습니다. 예수님께서 오시는 그날이 대추수의 날입니다. 그날 우리는 성령 하나님의 온전한 생명을 우리 것으로 가집니다. 그러나 우리는 이미 지금 성령을 갖고 있습니다. 우리는 첫 열매를 갖고 있고 그 첫 열매를 이미 맛보았으며, 또한 성령을 갖고 있고 그 성령도 맛보았습니다.

여러분은 하늘나라의 삶을 체험하셨습니까? 그 맛을 보셨습니까? 여러분이 받을 온전한 영광을 기대만 하고 있습니까? 아니면 이미 그 영광과 희망을 지금 여기서 느끼고 체험하고 계십니까? 우리는 미래만 기대하면서 살아서는 안 됩니다. 미래가 지금 여기에 있습니다. 올 세대가 이 세대에 도달하였습니다. 하나님 나라는 이미 우리에게 와 있습니다. 내일에 속한 영생은 오늘 여기에 와 있습니다. 그날이 오면 얼굴과 얼굴을 대하듯이 받을 우리의 영광은 이미 오늘의 것입니다. 부분적이긴 하지만 우리의 것입니다. 부분적이라고 가짜가 아닙니다. 어느 날 우리의 몸을 온전한 신령체로 바꿔 줄 성령은 이미 이 땅에 우리 가운데 역사하셔서 우리의 성품과 인격을 바꾸시고 계시는 것입니다.

　이 악한 세대에서 살면서 올 세대를 성령의 능력으로 매일매일 여기서 이미 살아가는 것이 바로 영생입니다. 영생은 이미 시작되었습니다. 이 영생이라는 말 속에는 믿는 자와의 성령 안에서의 교제와 예배와 서로를 섬기는 것이 포함되어 있다는 것을 기억하십시오. 이러한 것들이 없이는 하나님 나라를 지금 여기서 맛볼 수 없습니다. 이것들이 바로 오늘날의 교회가 회복해야 할 것들입니다. 하나님은 우리가 이 악한 세상에서 온전히 올 세대를 맛볼 수 있도록 도와주십니다. 하나님께서는 이미 그분과의 교제를 우리에게 허락하셨습니다. 이것이 약속이요, 이미 지불한 천만 원이며, 성령의 내주이며, 올 세대의 영생입니다. 이것이 바로 하나님 나라의 복음입니다. 이것이 바로 올 세대의 영생입니다.

하나님 나라의 의

산상수훈 설교에서 예수님께서는 하나님의 의에 대하여 설명하셨습니다. 하나님 나라의 의에 대하여 예수님께서는 산상수훈에서 이런 말씀을 하셨습니다. "내가 너희에게 이르노니 너희 의가 서기관과 바리새인보다 더 낫지 못하면 결단코 천국에 들어가지 못하리라." 이 말씀은 올 세대의 하나님 나라에 들어가기 위해서는 이 세상에서의 우리의 의가 뛰어나야 한다는 말입니다. 신학적으로 말한다면, 이 말씀은 미래의 하나님 나라와 현존하는 하나님 나라를 연결하여 주는 가교 역할을 하는 표현이라고 할 수 있습니다. 하나님 나라에 들어가려면 우리의 의가 바리새인의 의보다 더 나아야 한다고 하였는데, 그렇다면 그 의는 도대체 어떤 의일까요?

미래의 하나님 나라에 들어갈 수 있는 의는 바로 하나님께서 우리의 삶을 온전히 통치하심의 결과로 나타나는 의입니다. 하나님 나라는 우리에게 의를 요구하고 또한 의를 우리에게 줍니다. 우리는 스스로 하나님의 의를 창출할 수 없습니다. 하나님께서 우리에게 요구하시는 의는 하나님 나라에서 요구하는 동등 수준의 의입니다. 이 의는 우리가 온전히 우리의 삶을 그분께서 통치하시도록 맡겨 드릴 때에 하나님께서 우리에게 주시는 의입니다.

예수님께서는 우리의 의가 서기관과 바리새인의 의보다 낫지 않으면 우리는 하나님 나라에 들어갈 수 없다고 말씀하셨습니다. 그 당시 서기관과 바리새인들은 의에 대하여 관심이 지극하였던 사람들입니다. 그들은 의에 대하여 전문적으로 공부하였습니다. 지금으로 말하자면 신학교 교수로서 의에 대하여 알고자 평생을 연구하였던 사람들입니다. 바리새인들은 성경에서 가르치고 있는 의를 그대로 받아들여서 그것을 제자들에게 보여 주고 실제 삶에 적용하도록 하였던 사람들입니다. 그들은 평생 동안 그들의 삶을 통하여 의를 이루고자 노력하였던 사람들이었습니다.

또한 서기관들과 그들의 가르침을 받는 제자들도 의를 이루고자 많은 노력을 쏟았습니다. 그러나 예수님께서는 제자들에게 바리새인들의 의보다 더 높은 수준의 의를 요구하셨습니다. 이것이 어떻게 가능할까요? 바리새인들은 무엇이 옳고 무엇이 그른지를 평생 연구하다 보니 행해야 될 것과 행하지 말아야 될 것의 목록을 산더미처럼 만들어 놓고 그것을 지키려고 안간힘을 쓰게 됐습니다.

예를 들어 봅시다. 성경에 보면 안식일을 거룩히 지키라는 말이 있습니다. 그들은 안식일에 일을 하지 않음으로써 하나님의 율법을 지키려고 하였습니다. 왜냐하면 율법을 지키는 것이 하나님의 의를 이루는 것이라고 생각하였기 때문입니다. 그들은 안식일에 일을 하지 않기 위해서 일은 무엇인가에 대한 정의를 내려야 했습니다. 그래서 어떤 것을 하면 율법을 지키는 것이고, 어떤 것을 하면 율법을 범하는 것인가에 대한 세세한 세부 규정들이 필요하게 되었고 그것을 만들고 지키는 데 많은 노력을 기울였습니다. 그것이 전통이 되어 만들어진 것이 '미슈나'(Mishnah)와 '탈무드'(Talmuds)입니다.

바리새인들과 서기관들에게 어떤 것이 일이고 어떤 것이 일이 아닌지를 아는 것은 매우 중요했습니다. 만약 제가 안식일날 예배를 마치고 나와서 집으로 돌아가는 도중에 길가에 심은 장미꽃에 말라 죽은 장미 잎이 떨어져 있는 것을 보았다고 합시다. 그래서 제가 그 잎을 주웠습니다. 그렇다면 제가 일을 한 것입니까, 아닙니까? 아마도 아니겠지요? 이번에는 장미 가지가 말라 있어서 그것을 손으로 꺾었다면 제가 일을 한 걸까요? 이번에는 말라 죽은 가지를 주머니 칼을 사용하여 잘라 냈다면 이것은 일을 한 걸까요, 아닐까요? 그리고 만약 이번에는 정원사들이 쓰는 칼로 잘라 냈다면 어떨까요? 바리새인들과 서기관들은 율법을 지켜야 구원을 얻는다고 생각하였기 때문에 그들에게 있어서는 어떤 행동이 일이냐, 아니냐에 대해 아는 것이 매우 중요하였습니다.

이와 관련하여 유대교 교훈에 실제로 이런 이야기가 나옵니다. 만약에 어떤 사람이 닭을 기르는데 닭이 안식일에 계란을 하나 낳았다면 이 계란을 먹어도 되냐 안 되냐를 놓고 서기관들이 많은 토론을 벌인 결과 다음과 같은 규정을 마련하였습니다. 그들은 결론을 내리길, 만약 닭을 가진 사람이 계란을 얻을 생각으로 닭을 키웠는데 그 닭이 안식일에 알을 낳았다면 그 계란을 먹을 수 없습니다. 만약 그 계란을 먹으면 일을 한 것이고 안식일을 범한 것입니다. 그러나 만약 닭의 소유자가 계란이 목적이 아닌 다른 목적으로 키웠다면, 그 닭이 안식일 날 낳은 알을 먹었다고 해도 그것은 일을 한 것이 아닌 것으로 간주되었습니다. 이러한 실례는 현재 우리에게는 우스운 얘기로 들릴지도 모르겠지만, 유대인들, 특히 율법을 지킴으로써 구원을 얻으려고 하였던 유대인들에게는 매우 심각한 문제였습니다.

예수님께서는 우리의 의가 서기관과 바리새인의 의보다 낫지 않으면 하나님 나라에 들어갈 수 없다고 말씀하셨습니다. 그렇다면 하나님 나라에 들어갈 수 있는 의, 서기관과 바리새인들의 의보다 더 나은 의는 도대체 어떤 의일까요? 예수님께서는 어떤 의가 그러한 의인지를 다음의 몇 가지로 설명해 주셨습니다.

첫 번째는 화내는 것에 대한 것입니다. 구약의 율법과 유대교 전통과 현재 각 나라의 법에서는 살인도 그 종류에 따라 형량이 다릅니다. 가령 고의적 살인과 우발적 살인에 대하여 각각 다른 형벌의 벌칙을 적용합니다. 예수님께서는 살인에 대하여, 또한 형제에게 화내는 것에 대하여 다음과 같이 말씀하셨습니다. "옛 사람에게 말한바 살인치 말라 누구든지 살인하면 심판을 받게 되리라 하였다는 것을 너희가 들었으나 나는 너희에게 이르노니 형제에게 노하는 자마다 심판을 받게 되고 형제를 대하여 라가라 하는 자는 공회에 잡히게 되고 미련한 놈이라 하는 자는 지옥 불에 들어가게 되리라"(마 5:21-22). 흠정역 성경에서는 여기에 '이유 없이' 라는 말을 첨가하여, 이유 없이 형제에게 노하는 자마다 심판을 받게 된다고 번역하고 있습니다. '이유 없이' 라는 말을 첨가하여 이유 없이 화내는 것은 안 되고 이유가 있어서 화내는 것은 괜찮다고 암시하고 있습니다. 흠정역 성경을 만든 사람들이 헬라어 원본에는 없는 '이유 없이' 라는 말을 집어 넣은 것은 예수님을 믿더라도 화내지 않을 사람이 어디 있겠느냐는 생각 때문이었습니다. 그러나 예수님께서는 분명히 형제에게 노하는 자마다 심판을 받게 되고 형제에게 '라가' 라 하는 자는 공회에 잡히게 되고 미련한 놈이라 하는 자는 지옥 불에 들어간다고 말씀하셨습니다.

미련한 놈이라는 말은 그 당시 유대인들이 쓰던 아람어로 '라가' (raca)라고 하였는데 이 말의 정확한 뜻은 멍청이, 돌대가리, 또는 빈 머리(empty head)라는 뜻입니다. 이 말은 그 당시 상대방에 대해 매우 화가 나 있을 때 쏟아 부은 감정 섞인 욕설이었습니다.

제가 초등학교에 다닐 때 사람에게 미련한 놈이라 하는 자는 지옥 불에 들어가게 된다는 성경 구절을 읽고는 누구에게든 욕을 하지 말아야겠다고 다짐하곤 했었던 적이 있었습니다. 왜냐하면 그때 나의 생각으론, 내 입에서 어쩌다가 욕이 튀어나오기만 해도 나는 지옥에 간다고 굳게 믿었기 때문이었습니다. 이천 년이 지난 지금 '라가' 라는 말이 어떤 상황에서 쓰여진 말인지 정확히는 모르지만, '라가' 라는 말을 쓴 사람은 무조건 지옥에 가고 그보다 심한 말을 해도 그 단어만 안 쓰면 지옥에 안 간다는 말이 아니라는 것을 우리는 잘 알 수 있습니다. 이 구절의 요점은 상대방에 대한 분노의 표시를 나타내는 것입니다.

그렇다면 예수님께서는 무슨 의도로 이런 말씀을 하셨을까요? 살인이나 화내는 것이 똑같은 정도로 나쁘다는 말씀일까요? 어떤 사람의 머리를 때려 숨지게 하는 것이나 욕하는 것이나 매일반이라는 것일까요? 예수님께서 이 구절에서 의도하신 것은 "살인이 죄인 것처럼, 분노도 죄다" 라는 것입니다. 여러분 중에는 어떤 사람에 대해 속으로 매우 화가 났을 때 실제로 그 사람을 죽이진 않았지만 죽이고 싶은 마음을 품었던 적은 있을 것입니다. 만일 여러분이 미워하는 마음을 마음속으로 품으셨다면 그것은 하나님 앞에 죄입니다. 왜냐하면 미운 마음이 커지면 살인으로 이어지기 때문입니다.

서기관들은 외적인 죄만 죄라고 여겼습니다. 마음으로 짓는 죄는 그들에겐 죄 될 것이 없었습니다. 그러나 예수님께서는 그렇게 보지 않으셨습니다. 예수님이 보시기에 문제가 되었던 것은 외적 행동 전의 마음의 태도였습니다. 어떤 사람이 마음속에 상대방에 대해 쓴 뿌리나 미움을 간직하였다면 그것은 하나님 보시기에 죄입니다. 그래서 상대방을 때려 숨지게 하지는 않았을지 모르지만 예수님께서는 그러한 마음에 품은 미움과 살인도 죄이기 때문에 그 죄가 씻겨지지 않으면 그것으로 인해 하나님 앞에 반드시 심판받는다고 하신 것입니다.

하나님의 의는 하나님께서 요구하시는 하나님 나라에 합당한 의입니다. 하나님 나라의 의는 외적 행동으로 나타나는 행위에만 국한되는 것이 아닙니다. 하나님 나라의 의는 사람의 마음까지도 문제 삼습니다. 아니, 마음의 생각이 우선적입니다. 하나님 나라의 의는 너의 행동보다 너의 생각이 중요하다고 말합니다. 우리 믿는 사람들의 의가 바리새인들과 서기관들의 의보다 낫지 않다면 우리는 결코 하나님 나라에 들어갈 수가 없습니다.

하나님 나라의 의는 내 심령 속에 타인들에 대해 일말의 미움이라도 없을 것을 요구합니다. 그렇다면 누가 인간으로 그렇게 될 수 있단 말입니까? 우리 인간으로서는 그렇게 될 수 없습니다. 그러나 여기 희망이 있습니다. 심령의 온전한 의는 하나님의 선물입니다. 하나님께서 요구하시는 바를 그분께서 주십니다. 만약 우리가 이러한 사실을 안다면 우리에겐 희망이 있습니다. 우리는 태초부터 범죄한 인간이라서 남들을 미워하지 않고서는 살아갈 수 없는 존재이더라도, 우리가 하나님 나라와 그의 의가 무엇인지를 분명히 안다면 우리는 자유할 수 있습니다. 우리는 할 수 없습니다. 하나님 나라도 하나님 나라의 의도 하나님께서 우리에게 주시는 것입니다. 그분이 요구하시면서 또한 그분이 직접 주시는 것입니다. 하지만 주시되 그분에게 온전히 우리를 포기하고 맡겨 드리는 사람에게만 주십니다. 하나님 나라의 의는 우리의 심령을 하나님께서 온전히 통치하실 때 그 결과로 이루어지는 산물입니다. 지금 여기에 있는 나의 심령을 하나님께서 온전히 주관하시도록 나를 내어 드려야만 올 세대에 하나님 나라에 들어갈 수가 있습니다.

우리가 하나님 나라에 들어가기 위해 바리새인과 서기관들보다 나아야 하는 몇 가지 중 그 첫 번째 것이 분노에 대한 것이었다면 그 두 번째 것은 성결(Purity)에 관한 것입니다. 이 성결에 관하여 예수님께서는 화내는 것에 이어서 다음과 같이 말씀하셨습니다. "또 간음치 말라 하였다는 것을 너희가 들었으나 나는 너희에게 이르노니 여자를 보고 음욕을 품는 자마다 마음에 이미 간음하였느니라"(마 5:27-28). 예수님의 이 말씀으로 우리는 하나님 나라의 의는 외적인 행동에 있는 것이 아니고 내적인 생각에 있다는 것을 더 확실히 알 수 있습니다. 서기관과 바리새인들의 의는 혼인 외의 성적인 관계를 금지하였습니다. 그래서 그것을 지키기만 하면 죄는 없는 것으로 간주되었습니다. 그러나 예수님께서 요구하시는 것은 그것보다 높은 수준의 성결입니다. 그리고 그것이 또한 하나님 나라가 요구하는 의입니다. 율법은 간음을 죄라고 말합니다. 그러나 예수님께서는 여자를 보고 음욕을 가진 사람은 이미 간음한 것과 다름없다고 말씀하십니다.

여러분 중에서 이러한 예수님의 말씀을 읽고 마음에 찔림이 없는 사람은 거의 없을 것입니다. 예수님께서 요구하시는 하나님 나라의 의는 외적인 것을 보지 않고 우리의 생각과 헛된 상상을 문제 삼습니다. 우리의 존재 깊숙한 곳에 있는 것을 문제 삼습니다. 예수님께서는 예쁜 여자를 보고 이상한 생각을 한 것을 죄라고 말씀하십니다. 예수님께서는 우리의 완전한 성적 성결을 요구하십니다. 그것이 바리새인들의 의보다 나은 하나님의 의요, 하나님 나라가 요구하는 의요, 성결인 것입니다.

죄가 난무하고 성적 관심을 부추기는 서적들이 버젓이 허용되고 있는 사회의 관점에서 본다면 이천 년 전 예수님께서 산상수훈에서 말씀하신 하나님 나라에 들어가기 위해 설파하신 합당한 의는 너무 고리타분하다고 말할 사람도 있을지 모르겠습니다.

그러나 예수님께서는 연이어 이보다 한층 더 강도 높은 말씀을 다음과 같이 하셨습니다. "만일 네 오른눈이 너로 실족케 하거든 빼어 내버리라 네 백체 중 하나가 없어지고 온 몸이 지옥에 던지우지 않는 것이 유익하며"(29절). 이 말씀은 우리의 오른쪽 눈은 빼어 버려도 괜찮고 왼쪽 눈은 빼어 버리지 말란 말이 아닙니다. 문자적으로 해석하면 문제가 있습니다. 우리가 오른쪽 눈을 빼어 버렸다고 문제가 해결되는 것은 아닙니다. 나머지 왼쪽 눈이 또 여자를 보고 음욕을 품게 만들 것이기 때문입니다. 또한 두 눈 다 없는 사람이라고 해서 간음하지 않는다는 말도 아닙니다. 그 다음 절도 마찬가지입니다. "또한 만일 네 오른손이 너로 실족케 하거든 찍어 내버리라 네 백체 중 하나가 없어지고 온 몸이 지옥에 던지우지 않는 것이 유익하니라"(30절). 만일 당신의 손이 계속 죄를 범하게 만들 때 주님의 말씀에 순종하겠다고 도끼를 꺼내 손을 잘라 버린다면, 두 눈 뽑고 두 팔 잘리고 어떻게 이 세상을 살아가겠다는 말입니까? 이렇게 된다면 세상 모든 사람들이 몸뚱이만 갖고 살아가는 꼴이 될 것입니다.

예수님께서는 진짜로 손발을 잘라 버리고 눈도 빼 버리고 몸뚱이만 갖고 이 세상 고통 속에서 살아가라고 이런 말씀을 하신 것이 아닙니다. 예수님께서 말씀하신 진짜 의도는 너희가 짓는 죄를 심각하게 받아들이고 그 어떠한 대가를 치르더라도 더 이상 죄를 짓지 말라는 말씀인 것입니다. 만일 눈을 빼 버려 더 이상 죄가 생각 속에 일어나지 않는다면 그렇게 하십시오. 양손을 잘라 버렸을 때 마음의 죄까지도 없어진다면 그렇게 희생해서라도 죄를 짓지 마십시오. 죄를 품지 마십시오. 왜냐하면 죄는 우리의 전 존재를 파괴시키기 때문입니다.

이제 모든 것이 분명해졌습니다. 하나님이 요구하시는 의는 인간이 도달할 수 없는 의입니다. 누가 유혹에 넘어가지 않고 이 세상을 살아갈 수 있단 말입니까? 누가 음욕을 품지 않고 온전히 성결할 수 있겠습니까? 이 구절들만 떼어 놓고 생각한다면 우리는 모두 지옥 불에 들어갈 수밖에 없는 존재들입니다. 그러나 하나님은 우리에게 이런 수준 높은 의를 요구하십니다. 그리고 또한 이런 높은 수준의 의를 우리에게 주십니다. 우리는 하나님 나라의 의에 도달하는 것이 아니고 하나님 나라의 의를 얻는 것입니다. 하나님 나라의 의가 우리에게 주어지지 않는다면 하나님 편에서 볼 때 우리는 영원히 잃어버린 자들로서 남게 될 수밖에 없습니다. 성결한 삶은 하나님 나라의 능력과 그 통치권을 받아들이는 삶입니다. 하나님의 통치권을 지금 행사하도록 허락하고 있는 사람만이 미래의 하나님 나라에 들어갈 것입니다. 하나님의 은혜 없이는 아무도 하나님 나라에 들어갈 수 없습니다.

31절과 32절 말씀을 관심 있게 봅시다. "또 일렀으되 누구든지 아내를 버리거든 이혼 증서를 줄것이라 하였으나 나는 너희에게 이르노니 누구든지 음행한 연고 없이 아내를 버리면 이는 저로 간음하게 함이요 또 누구든지 버린 여자에게 장가드는 자도 간음함이니라." 예수님의 이 말씀과 우리의 현실과는 매우 큰 차이가 있습니다. 오늘날 많은 가정들이 이혼하고 있으며 그 추세는 증가 일로에 있습니다. 하나님의 말씀이 삶의 기준이 아닌 세대라 사람들은 편리함에 삶의 기준을 두고 살아가고 있습니다. 비성경적인 것들이 삶의 표준으로 문화 속에 파고들고 있습니다. 대다수의 사람들이 단지 싫증이 난다는 이유로 또는 다른 사람이 더욱 끌린다는 이유만으로 쉽게 이혼을 합니다. 그러나 이것은 하나님 보시기에 분명히 죄입니다. 상대방이 간음을 한 경우만 하나님은 이혼 조건으로 인정하셨습니다.

구약성경에서는 간음한 자는 남녀 구별 없이 사형에 처하라고 규정하고 있습니다(레 20:10). 신약성경에서는 간음한 것은 배우자가 사망한 것과 같이 취급하고 있습니다. 그러므로 신약성경에서는 만일 어떤 사람의 배우자가 간음하였다면 이혼하고 다른 사람과 재혼할 수 있다고 말합니다. 그러나 만약 다른 사람과 결혼할 목적으로 상대방이 버젓이 살아 있는데도 이혼한다면 그것은 죄입니다. 왜냐하면 이 이혼은 올바르지 못한 상대에 대한 육욕에 근거를 두고 있기 때문입니다. 오늘 이혼이 만연한 이 시대에 사는 우리는 영원토록 변치 않는 하나님 말씀에 순종하여 삶으로써 우리 가정을 회복하는 일을 해야 합니다. 예수님께서 주신 명령은 우리와 우리 가정에게 행복을 주시기 위해서 주신 말씀이지, 결단코 우리에게 불행을 주기 위해서 주신 말씀은 아니기 때문입니다. 이성에 대한 하나님의 규정을 준수하는 것이 바로 하나님 나라에 속하는 의입니다.

바리새인과 서기관보다 더 나아야 하는 하나님의 의는 화냄의 문제, 성결의 문제 외에 정직에서도 이루어져야 함을 예수님께서는 말씀하셨습니다. "또 옛 사람에게 말한바 헛 맹세를 하지 말고 네 맹세한 것을 주께 지키라 하였다는 것을 너희가 들었으나 나는 너희에게 이르노니 도무지 맹세하지 말찌니 하늘로도 말라 이는 하나님의 보좌임이요 땅으로도 말라 이는 하나님의 발등상임이요 예루살렘으로도 말라 이는 큰 임금의 성임이요 네 머리로도 말라 이는 네가 한 터럭도 희고 검게 할 수 없음이라 오직 너희 말은 옳다 옳다, 아니라 아니라 하라 이에서 지나는 것은 악으로 좇아 나느니라"(마 5:33-37).

우리는 이 구절을 이천 년 전 그 당시 그곳의 문화를 이해하지 못한 상태에서 현재의 문화로 이해하면 해석의 오류를 범할 수밖에 없습니다. 또한 문자대로만 이해하여도 잘못 이해하게 됩니다. 그래서 이 말을 문자 그대로 이해한 사람이 법정에 서게 되었을 때 법관 앞에서 위증하지 않겠다고 맹세해야 되는데 안 하려고 한다거나 또는 안 한 것을 자랑스럽게 생각하게 되는 경우까지 생기는 것입니다. 이 말은 그런 말이 아닙니다. 그 당시 유대인들은 자신의 말이 신빙성이 있고 자신이 거짓말쟁이가 아니라는 것을 증명하기 위해서 어떤 물건에 두고 맹세를 하는 풍습이 있었습니다. 왜냐하면 그들은 어떤 물건마다 성결한 정도가 다르다고 생각하였기 때문에 큰 맹세를 할 때는 성결도가 큰 물건에 대고 맹세를 하는 풍습이 있었습니다. 그래서 그 당시에는 어떤 맹세들의 정직도가 어느 정도인지를 가늠하는 것에 많은 학자들이 동원되었고 또 어느 물건이 어느 정도의 맹세에 적합한지를 따지는 일에 많은 시간을 보낸 사람들도 있었습니다. 그래서 성결도가 낮은 물건에다 두고 맹세한 사람은 맹세를 쉽게 깨어 버려도 별문제 삼지 않는 풍토가 만연하였던 것이 당시 사회 풍습이었습니다. 이러한 사회 상황 속에서 예수님께서는 그 어떤 것에 두고도 맹세하지 말라고 말씀하셨던 것입니다.

이러한 상황에서 자신의 말에 신뢰성이 없다면 도무지 맹세하지 말 것을 명령하셨고 이것을 지키지 않는 것은 죄라고 말씀하신 것입니다. 이것이 바로 바리새인과 서기관보다 나은 의인 것입니다. 하나님 나라의 의를 아는 사람은 맹세할 필요가 없습니다. 자신이 내뱉은 말 그 자체가 신뢰성이 있는 말이기 때문에 굳이 어디다 대고 맹세를 할 필요가 없습니다.

요즘 사람들은 어떤 물건에다 대고 맹세하는 경우는 별로 없기 때문에, 어떻게 보면 예수님의 이러한 명령을 요즘 사람들이 이천 년 전의 유대 사람들보다 더 잘 지킨다고 말할 수 있을지도 모르겠습니다. 그러나 사람들의 말의 신뢰도는 옛날이나 지금이나 마찬가지가 아닐까요? 그 당시처럼 물건에다 맹세해서 이득을 노리는 얌체가 있는 것처럼 법망을 빠져나온 것을 자랑삼아 말하는 사람들과 세금을 낼 만큼 내지 않는 것을 당연하게 생각하는 철면피들이 지금도 많은 것이 사실입니다. 여러분의 말 자체에 신뢰가 있게끔 하십시오. 그 외에 무엇을 더 붙인다면 말 자체가 영수증이 되지 않기 때문일 것입니다. 타인들이 당신의 말이라면 신뢰할 만하다고 인정하는 삶을 사십시오. 이것이 바로 정직에 대해 하나님이 요구하시는 하나님 나라의 의입니다.

하나님께서 요구하시는 정직의 법칙은 그리스도인이 사업할 때도 적용되어야 합니다. 오늘날과 같이 부정과 불법이 편재한 사회에서 정직하게 장사하기란 쉽지 않다고 말할 분이 계실 것입니다. 만일 그들이 생각한 대로 장사한다면 불신자들은 우리 그리스도인들의 삶으로부터 하나님 나라와 그의 의에 대해 냄새조차도 맡을 수 없을 것입니다. 우리는 너희는 먼저 하나님의 나라와 그의 의를 구하라고 말씀하신 예수님께서 또한 너희 의가 바리새인과 서기관들의 의보다 낫지 아니하면 결단코 하나님 나라에 들어갈 수 없다고 말씀하신 것을 기억해야 합니다.

하나님의 의에 대하여 우리가 지켜야 할 또 다른 부분은 사랑입니다. 사랑의 법칙에서 우리의 의는 바리새인의 의보다 나아야 합니다. 예수님께서는 사랑의 법칙에 대해 다음과 같이 말씀하셨습니다. "또 눈은 눈으로, 이는 이로 갚으라 하였다는 것을 너희가 들었으나 나는 너희에게 이르노니 악한 자를 대적지 말라 누구든지 네 오른편 뺨을 치거든 왼편도 돌려 대며 또 너를 송사하여 속옷을 가지고자 하는 자에게 겉옷까지도 가지게 하며 또 누구든지 너로 억지로 오리를 가게 하거든 그 사람과 십 리를 동행하고 네게 구하는 자에게 주며 네게 꾸고자 하는 자에게 거절하지 말라 또 네 이웃을 사랑하고 네 원수를 미워하라 하였다는 것을 너희가 들었으나 나는 너희에게 이르노니 너희 원수를 사랑하며 너희를 핍박하는 자를 위하여 기도하라"(마 5:38-44).

위와 같은 가르침은 많은 사람들에겐 걸림돌이 될 것입니다. "이처럼 악이 만연한 세대에 예수님의 산상수훈을 다 지킬 사람이 어디 있단 말인가?"라고 투덜대고 싶은 마음이 생길 것입니다. 만약 어느 사업가가 이 말씀을 문자적으로 해석하여 100% 다 지키려고 작정하고 사업한다면 그는 매일매일 수백 리씩 걷다가 사업에 신경 쓸 시간이 없어 사업을 망치고 말 것입니다. 저는 얼마 전에 제가 소년 시절 때 자라 온 동네를 지나가게 되었습니다. 그 당시 저는 그 동네에서 장사하는 두 분을 알고 지냈었는데 그 두 가게는 여전히 같은 장소에 있었습니다. 그중 한 가게에 가까이 가서 안을 쳐다보았더니 문은 잠겨져 있고 엉

망으로 변했는데 간판만 옛 간판 그대로였습니다. 저는 다른 장사하는 아저씨에게 그 가게가 왜 문을 닫고 있는지 물어보았습니다. 그 실상인즉, 문 닫은 가게 주인은 마음이 너무 좋아 사람들의 말을 다 믿고 외상을 주었으나 외상값을 회수하지 못해 쫄딱 망하게 되었다는 것이었습니다.

산상수훈에서 예수님께서는 우리에게 이런 식으로 장사하다 망하라고 정직의 법칙을 주신 것이 절대로 아닙니다. 만약 이 말씀을 문자 그대로 해석하여 우리나라가 적대적인 나라에 대한 방어비를 모두 삭감했더라면 지금은 전 세계가 공산당 나라들로 뒤덮였을 것입니다. 우리 주님께서는 때로는 비유법과 과장법을 쓰셔서 표현하셨다는 것을 우리는 알아야 합니다. 그분께서 진정으로 관심을 가지셨던 것은 우리의 마음이요, 우리의 내적 태도라는 것을 알고 있어야 합니다.

이와 연관하여 우리가 살펴보아야 할 말씀은 로마서 13장 4-5절 말씀입니다. 이 말씀을 보면 사도 바울은 하나님께서 세상 법정을 인정하신다는 사실을 밝히고 있습니다. 만약 이러한 산상수훈의 명령들을 문자적으로만 해석하여 지키려고 했다면 예수님도 지키기 힘들었을 것입니다. 요한복음 18장 19절 이하는 어떤 대제사장이 예수님의 가르침에 대해 질문을 하자 예수님께서 답하시는 장면입니다. "대제사장이 예수에게 그의 제자들과 그의 교훈에 대하여 물으니 예수께서 대답하시되 내가 드러내어 놓고 세상에 말하였노라 모든 유대인들의 모이는 회당과 성전에서 항상 가르쳤고 은밀히는 아무 것도 말하지 아니하였거늘 어찌하여 내게 묻느냐 내가 무슨 말을 하였는지 들은 자들에게 물어 보라 저희가 나의 하던 말을 아느니라"(요 18:19-21). 그러자 예수님 곁에 섰던 사람 하나가 손으로 예수님을 때리면서 "네가 대제사장에게 이 같이 대답하느냐"(22절)고 하였습니다. 예수님께서는 이에 "내가 말을 잘못하였으면 그 잘못한 것을 증거하라 잘하였으면 네가 어찌하여 나를 치느냐"(23절)라고 반박하셨지 그 사람이 예수님을 쳤을 때 오른뺨도 돌려 대며 더 때리라고 하진 않으셨습니다.

그러므로 우리는 성경을 문자적으로만 해석하면 곤란한 경우가 많이 있다는 사실을 깨닫는 것이 좋습니다. 예수님의 비유적인 표현법이나 과장법적인 표현을 문자 그대로 해석하여 순종하기만 하였지 그 의도를 모르는 경우가 얼마든지 있습니다. 한 평화주의자가 친구와 길을 가다가 어떤 사람이랑 말다툼이 붙었습니다. 길 가던 사람이 화난 김에 그 평화주의자의 얼굴을 때렸습니다. 그는 예수님의 명령에 따라 거침없이 다른 뺨을 돌려 댔고 돌려 댄 뺨에는 주먹이 다시 날아왔습니다. 그럼에도 평화주의자는 여유 있게 다시 걸어가기 시작하였습니다. 친구가 놀라면서 어떻게 그렇게 침착하게 두 번이나 맞아 줄 수 있는지를 묻자 그 평화주의자는 "내가 두 번째 뺨을 맞을 때 내 속은 분노로 들끓고 있었다네"라고 대답했다고 합니다. 현실적으로 얼마든지 일어날 법한 이야기입니다. 예수님이 바라시는 것은 내적 평화요, 심령에 하나님 나라가 이루어지는 것입니다.

두 번째 뺨을 내민 것이 잘못되었다는 말이 아닙니다. 이 경우 잘못된 것은 마음에 분노가 생겼다는 것입니다. 우리는 실제로 원수에게 두 번째 뺨을 돌려 대 주어야 하는 경우가 생길 수도 있음을 인정해야 합니다. 왜냐하면 예수님께서는 마태복음 5장 10절에서 "의를 위하여 핍박을 받은 자는 복이 있나니 천국이 저희 것임이라"라고 말씀하셨기 때문입니다. 예수님을 온전히 따르다 보면 사람들로부터 말이나 육체적으로 공격을 받습니다. 5장 11절에서 예수님께서는 말로 인한 핍박을 말씀하고 계십니다만 많은 사람들이 육체적 핍박을 당하는 경우도 꽤 많습니다.

기독교 국가에서 예수님을 믿기 때문에 핍박당하는 경우는 거의 없지만 회교 국가들이나 비기독교 국가들에서는 많은 신자와 선교사들이 예수님을 믿다가 또는 복음을 전하다가 맞아 죽거나 사살당하는 경우가 많이 있습니다. 많은 경우 선교사들은 육체적 공격에 대해 역공격을 취하지 않고 있다가 순교하는 경우가 많습니다. 제 친구 중 한 사람은 어느 나라에서 당한 일을 다음과 같이 이야기해 준 적이 있습니다. 없는 돈에 무리해 가면서 치과에서 많은 돈을 주고 이를 해 넣은 후 얼마 안 있다가 예수 복음을 전한다는 이유로 사람들에게 얻어맞는 상황에 부딪히게 되었습니다. 친구는 그 순간 오른뺨을 치거든 왼뺨도 돌려 대라는 말씀이 생각났는데 인간적으론 이를 해 넣은 돈 생각이 나서 주먹이 들어올 때 손으로 막아야 되나 어쩌나 하고 고민하던 끝에 하나님께 모든 것을 다 맡기고 그냥 무방비로 있기로 결정하였다고 합니다. 어쨌거나 친구는 이를 보존하였다고 합니다.

예수님을 올바로 믿거나 올바로 전하다 보면 이와 유사한 일을 당해야 하는 경우가 실제로 생깁니다. 그럴 때 우리가 지켜야 하는 것은 오른뺨을 일부러 돌려 대면서도 속으로는 분노로 끓는 것이 아니고 상대방에 대한 진정한 사랑과 용서의 마음을 가지는 것입니다. 하나님께서 요구하시는 하나님 나라의 의는 마음으로부터 나오는 사랑입니다. 하나님 나라의 의는 이기심으로부터 나오지 아니합니다. 하나님 나라의 의는 자신이 당연히 누려야 할 권리를 포기하는 것을 말합니다. 우리 하나님은 개인적인 복수에서 자유케 되는 영을 우리가 소유하기를 원하십니다. 어떤 사람이 당신에 대해 나쁜 소문을 퍼뜨리고 무고한 말과 악의에 찬 말을 하고 돌아다닌다고 합시다. 당신의 자연스런 반응은 "요놈, 어디 두고 보자"일 것입니다. 그러나 그런 반응으로는 하나님의 의를 이룰 수가 없습니다. 하나님의 의는 자기에게 해로운 말과 행위를 한 사람에 대해 복수하려는 마음이 전혀 없는, 마음으로부터 진정 우러나오는 용서와 사랑으로 이루어집니다.

다른 뺨도 돌려 대라는 예수님의 말씀은 사람들을 용서하고 사랑하되 원수까지도 그렇게 하라는 말씀에 대한 극적인 표현입니다. "또 네 이웃을 사랑하고 네 원수를 미워하라 하였다는 것을 너희가 들었으나 나는 너희에게 이르노니 너희 원수를 사랑하며 너희를 핍박하는 자를 위하여 기도하라"(마 5:43-44)고 예수님께서는 말씀하십니다. 그렇습니다. 당신의 아내, 친구, 이

웃, 길거리를 지나가는 사람들만이 아니고 당신의 원수도 사랑하십시오. 의도적으로 당신을 해하는 사람을 사랑하십시오. 이것이 바로 그리스도인의 훌륭한 정도를 재는 잣대입니다. 저는 교회 내에서조차도 이러한 잣대를 무시하는 경우를 많이 보아 왔습니다. 저는 주의 사람들이라고 하는 많은 분들이 겉으로는 사랑하는 체, 순종하는 체하면서, 쓴 뿌리와 분노와 적대감과 복수심으로 많은 날을 잠 못 이뤄하는 것을 실제로 보아 왔습니다. 예수님께서는 우리의 외적 행동보다 마음의 태도가 중요하다고 외치십니다. 내가 갚아야 하겠다는 복수심에서부터 자유함을 받고 변하여 원수를 사랑하는 데까지 이르십시오. 이렇게 할 때 하나님 나라의 의가 이루어집니다.

    사랑은 감정을 그 근원으로 하고 있지 않습니다. 사랑은 행동으로 표출되어야만 합니다. 사랑은 사랑의 대상에게 최고의 것을 선사합니다. 고린도전서 13장은 그리스도인의 사랑이 어떠해야 하는지에 대해 잘 설명해 주고 있습니다. 여기서 사도 바울은 사랑은 오래 참는 것이고 사랑은 친절을 베푸는 것이라고 말하고 있습니다. 사랑은 선한 뜻을 갖고 행동하는 것입니다. 사랑은 말로 표현할 때 상대방이 상심하지 않도록 주의를 기울이는 것입니다. 이렇게 할 때 사랑이 역사합니다. 우리는 또한 히브리서 12장 6절 말씀을 통해서 주님께서 그 사랑하시는 자를 때로는 징계하시고 채찍질하심을 알고 있습니다. 사랑은 방관하는 것이 아닙니다. 사랑은 의와 정의를 내버리는 것이 아닙니다. 사랑은 거룩한 분노를 저버리는 것이 아닙니다. 사랑은 그저 막무가내로 감정적이기만 한 것이 아닙니다. 우리가 거룩한 분노를 낼 수만 있다면 얼마나 좋을까요? 어떤 사람이 불의에 대해 분을 품을 때 사실 깊이 따져 보면 거기에는 개인적인 야심과 복수가 개입된 경우가 많이 있습니다.

사랑은 우리 원수의 의식주까지도 생각합니다. 사랑은 저주를 축복으로 갚는 것입니다. 폭력을 온유함으로 갚는 것입니다. 학대를 친절로 보상하는 것입니다. 이것이 바로 하나님 나라의 의입니다.

사랑을 나타내는 가장 좋은 척도는 용서입니다. 마태복음 6장 12절에서 예수님께서는 "우리가 우리에게 죄 지은 자를 사하여 준것 같이 우리 죄를 사하여 주옵시고"라고 기도하라고 우리에게 말씀하셨습니다. 이 말을 쉽게 풀어서 쓰면 "우리에게 빚진 사람을 탕감하듯이 우리의 빚을 탕감하여 주세요"라는 말입니다. 탕감에는 최종 행동이 동반되어야 하듯이 사랑에는 반드시 이를 증명하는 사랑의 행위가 있어야만 합니다. 상대방을 바라보면서 용서한다는 말을 할 때, 상대방을 사랑의 눈으로 바라볼 수 없다면 당신은 상대방을 진정으로 용서한 것이 아닙니다.

어떤 사람은 "그리스도께서 우리를 무한정 용서하신 것같이 우리를 용서하여 주십시오"라고 기도해야 하는 것이므로 "우리가 우리에게 죄 지은 자를 사하여 준것 같이 우리 죄를 사하여 주옵시고"라고 기도하는 것은 그리스도인의 기도가 아니라고 주장하는 사람들이 있습니다. 반면 또 어떤 사람들은 이렇게 기도하라고 예수님이 말씀하셨기 때문에 액면 그대로 받아들여 우리가 남을 용서한 것만큼만 하나님이 우리의 잘못을 용서한다고 주장하는 사람들이 있습니다.

한번 생각해 봅시다. 만약 하나님 나라의 의가 인간이 노력한 것만큼 얻어질 수 있는 것이라면 우리는 아직도 저주 가운데 있어야만 마땅합니다. 왜냐하면 인간의 의로써는 하나님 나라의 의를 이룰 수가 없기 때문입니다. 하나님의 용서는 완전한 용서입니다. 인간은 그런 완전한 용서를 할 수가 없습니다. 온전한 용서가 온전한 구원으로 이어집니다. 그러므로 인간의 힘으로 우리는 자신을 구원할 수가 없는 것입니다.

마태복음 18장에 보면 예수님께서는 용서에 대해 베드로와 함께 다음과 같은 말씀을 나누셨습니다. 베드로는 어떻게 한 인간이 다른 인간을 온전히 용서할 수 있는가에 대한 의문이 떠올랐습니다. 그래서 그는 "주여 형제가 내게 죄를 범하면 몇번이나 용서하여 주리이까 일곱번까지 하오리이까"(21절)라고 예수님께 질문하였습니다. 일곱 번 연속해서 지은 잘못에 대해 일곱 번 용서해 준다는 것은 쉬운 일이 아닙니다. 베드로는 그 정도 용서해 주면 충분하다고 생각하여 그런 질문을 한 것입니다.

그 질문에 대해 예수님께서는, "일곱번 뿐 아니라 일흔번씩 일곱번이라도 할찌니라"(22절)고 대답하셨습니다. 일흔 번씩 일곱 번이라면 사백구십 번에 해당합니다. 만약 어떤 직장 동료가 아침 9시에 출근하자마자 내 앞으로 와서 나에게 이유 없이 욕을 한바탕하고 갔다고 합시다. 하루에 한 번씩 그렇게 하는데 매일 용서한다면, 근무일수로 따져서 거의 2년간 그 수모를 매일 용서해야 하는 것입니다. 예수님께서는 그렇게 하라고 말씀하셨습니다.

예수님께서 여기서 용서에 대해 말씀하신 것의 요점은 용서 횟수가 아니라 용서의 질인 것을 아셔야 합니다. 이 말씀을 하시고 바로 이어 예수님께서는 "이러므로 천국은 그 종들과 회계하려 하던 어떤 임금과 같으니 회계할 때에 일만 달란트 빚진 자 하나를 데려오매"라고 말씀을 시작하시면서 천국 비유를 드셨습니다. 일만 달란트를 빚졌다는 것은 어마어마한 빚입니다. 일만 달란트는 약 일억 달러에 해당하는 돈입니다. 한국 돈으로 계산하면 약 일천억 원에 해당되는 돈입니다. 돈 한 푼 없는 파산한 사람이 일천억의 빚을 갚기란 거의 불가능합니다. 이 사람은 자신의 노력으로는 죽었다 깨나도 돈을 다 갚을 수 없었습니다. 이 사람이 갚을 것이 없는 것을 안 주인은 그 사람에게 명하여 그 사람의 몸과 처와 자식들과 모든 소유를 다 팔아 갚으라고 명령하였습니다(25절). 옛날에는 빚을 갚을 능력이 없으면 자기 자신과 처와 자녀들을 종으로 팔아 빚을 갚는 일이 많이 있었습니다. 그러므로 그 당시에 있어서 빚은 가산 탕진뿐 아니라 가정 파괴로 이어지는 일이 잦았습니다.

그러자 빚진 사람이 주인에게 엎드려 절하며 "내게 참으소서 다 갚으리이다"라고 간구하였습니다(26절). 이에 주인이 불쌍히 여겨 그 사람을 놓아 보내며 그 빚을 탕감하여 주었습니다. 이 얼마나 놀라운 은혜입니까? 그런데 그 탕감받은 사람이 나가서 자신에게 백 데나리온 빚진 사람을 만나자 붙들어 목을 잡고 말하길 빚을 갚으라고 하였습니다. 백 데나리온이라면 지금 돈으로 약 이백만 원에 해당하는 돈입니다. 크다면 큰돈이겠지만 탕감받은 돈 일천억 원에 비하면 비교도 안 되게 적은 액수의 돈입니다. 그러자 백 데나리온 빚진 사람이 엎드리며 "나를 참아 주소서 갚으리이다"라고 간구하였지만 일만 달란트를 탕감받은 사람은 허락하지 아니하고 그 사람을 옥에 가두었습니다(28-30절).

이 얘기가 일천억을 탕감해 준 주인의 귀에 들어갔습니다. 주인은 그 나쁜 사람을 불러 "악한 종아 네가 빌기에 내가 네 빚을 전부 탕감하여 주었거늘 내가 너를 불쌍히 여김과 같이 너도 네 동관을 불쌍히 여김이 마땅치 아니하냐" 하고 노하여 그가 진 빚을 다 갚도록 그 사람을 옥에 가두어 버렸습니다(32-34절). 예수님께서는 이 비유를 끝내시면서 다음과 같은 결론의 말씀을 하셨습니다. "너희가 각각 중심으로 형제를 용서하지 아니하면 내 천부께서도 너희에게 이와 같이 하시리라"(35절).

우리는 예수님이 하라고 하신 "우리가 우리에게 죄지은 자를 사하여 준 것같이 우리의 죄를 사하여 주십시오"라는 기도를 해야 합니다. 그러나 또한 위의 용서에 관한 예수님의 비유와 같이 하나님의 용서는 인간의 용서보다 탁월하고 우리가 그 탁월한 하나님의 용서를 받았기에 사람을 용서하는 것이라는 사실을 알고 있어야만 합니다. 이 비유의 핵심은 인간의 용서는 하나님의 용서에 근거를 둔다는 것입니다. 하나님께서 나를 온전히 용서하셨다는 것에 대해 실질적 인식이 있을 때 내가 나에게 죄지은 사람을 용서할 수가 있습니다. 하나님께서 나의 빚 일천억 원을 탕감해 주셨다는 사실을 경험하였는데도 불구하고 내가 나에게 빚진 사람들을 용서하여 주지 아니한다면 내가 믿는 기독교는 허구에 불과합니다. 우리가 온전히 남의 빚을 탕감하여 줄 때 우리는 "우리가 우리에게 죄 지은 자를 용서한 것처럼 우리의 죄를 용서하여 주십시오"라는 기도를 죄책감 없이 할 수 있습니다.

이것이 바로 하나님 사랑의 법칙이요, 하나님 나라의 복음입니다. 하나님 나라의 의는 하나님이 우리에게 주십니다. 완전한 성결, 완전한 정직, 완전한 사랑, 완전한 용서 그 어느 것도 인간이 이룰 수 있는 것은 없습니다. 만일 하나님 나라의 의가 우리가 노력해서 얻어야 하는 것이라면 우리는 영원히 하나님 나라에는 들어갈 수 없습니다. 유대인이건 헬라인이건 그 어느 누구라도 자신의 힘으론 산상수훈에서 예수님께서 제시하신 하나님의 의에 도달할 수 없습니다. 하나님의 의는 하나님이 인간에게 요구하시고 또한 요구하신 그 의를 인간에게 무상으로 주십니다. 그러므로 우리는 하나님의 은혜 가운데 있고 그러기에 우리는 구원을 얻는 것입니다. 예수님의 빚진 자의 비유는 이러한 사실을 잘 나타내 줍니다. 내가 하나님의 온전한 용서를 경험했기에 남을 용서할 수 있는 것입니다. 하나님 나라는 이미 이 악한 세대에 침투하였습니다. 그렇기 때문에 우리는 이 악한 세대에 살지만 하나님의 생명과 의를 나의 것으로 경험하면서 살 수 있는 것입니다.

산상수훈의 의는 자신의 삶에서 하나님의 통치를 온전히 경험한 사람의 의입니다. 예수님의 제자들은 이 의에 합당하게 살았습니다. 하나님 나라와 그분의 통치가 온전히 여러분의 삶에 임하게끔 허락하십시오. 그러면 여러분은 산상수훈이 요구하는 하나님 나라의 의의 삶을 살아갈 수 있습니다. 의의 삶의 첫걸음은 예수 그리스도를 우리 삶의 주인으로 영접하는 것입니다. 그러기에 니고데모가 예수님을 찾아왔을 때 예수님께서는 "사람이 거듭나지 아니하면 하나님 나라를 볼 수 없느니라"(요 3:3)라고 말씀하신 것입니다. 우리가 하나님께서 통치하시도록 우리 자신을 맡겨 버리면, 우리의 심령 속에 거듭남의 기적이 일어납니다. 이 기적은 성령님께서 이루시는 기적입니다. 그러므로 우리는 새로운 피조물이 되는 것입니다. 새로운 피조물이 되면 우리는 하나님의 통치를 삶에서 경험하게 되고, 우리의 삶을 통해 하나님의 의가 이 악한 세대에서 이루어지게 되는 것입니다. 산상수훈의 이러한 요구는 허구가 아니며 실제 경험할 수 있는 것입니다. 이미 이루어진 것입니다. 하나님 나라의 의는 하나님 나라의 생명이 이 땅에서 나타난 것입니다. 올 세대에 나타날 온전한 영생이 이 세대에 이미 침투한 것처럼 올 세대에 나타날 온전한 하나님 나라의 의가 이 세대에 이미 침투한 것입니다. 그러나 그리스도를 믿어 성령으로 거듭난 사람만이 하나님으로부터 주어지는 하나님의 의를 이 세대와 올 세대에 자신의 것으로 받아 누릴 수 있습니다.

하나님 나라에 들어가기 위한 조건

올 세대의 하나님 나라에 들어가게 되면 우리는 하나님으로부터 완전한 축복을 받습니다. 여러분은 지금까지 이러한 축복들을 살펴보았습니다. 예수님께서는 "천국이 가까이 왔다. 회개하고 복음을 믿으라"라고 외치심으로써 사역을 시작하셨습니다. 하나님 나라는 하나님의 우리에 대한 통치입니다. 또한 하나님 나라는 예수 그리스도를 통한 죄와 사탄과 죽음의 정복을 뜻합니다. 그리스도께서 재림하실 때 그분의 나라는 영광과 권능으로 이 땅에 임할 것입니다.

그러나 하나님 나라는 비록 영광스런 모습으로는 아닐지라도 이미 인간의 역사 안으로 들어왔습니다. 미래적 사건이 현재라는 시간 안에 침투하였다는 말입니다. 미래에 영광과 권능으로 도래할 하나님 나라는 인간들의 심령 속에 은밀하고 조용하게 이미 역사하고 있습니다. 하나님 나라의 권능은 인간의 모든 악과 사탄을 쓸어 버릴 것이고, 그리고 올 세대가 도래할 것입니다. 그러나 그 크신 하나님의 권능은 이미 이 세대에 인간의 심령 속에 역사하기 시작함으로써 그들의 죽음에 대한 공포를 제거하기 시작하였고, 인간을 묶고 있는 죄의 사슬들을 이미 풀어 놓기 시작하였습니다. 예수님이 재림하시면 우리는 하나님 나라에서의 삶을 완전하게 만끽할 수 있습니다. 그러나 우리는 또한 이미 이 땅에서 예수님의 복음을 믿어 이미 하나님 나라와 하나님의 통치 안으로 들어온 것입니다. 그렇기 때문에 우리는 이미 하나님 나라의 삶을 이 세상에서 즐길 수가 있습니다. 미래의 그 어느 날 예수님과 동일한 영광의 몸으로 우리를 변화시키실 성령님께서는 이미 우리의 심령 속에 오셔서 우리로 하여금 하나님과의 친밀한 교제를 가능케 하심으로써 우리가 하나님 나라의 기쁨을 지금 이곳에서 맛볼 수 있게끔 하십니다. 내일이 오늘 되어 여기 있습니다. 미래가 이미 시작되었습니다. 우리는 올 세대의 영생과 능력과 축복을 이미 경험하기 시작하였습니다.

그럼 우리가 어떻게 하면 그런 축복된 경험을 할 수 있을까요? 하나님 나라에 들어가기 위한 조건은 무엇일까요? 어떻게 하면 우리가 영원한 삶을 현재에 여기서 우리의 것으로 받을 수 있을까요? 어떻게 하면 하나님 나라의 의가 우리의 것이 되게 할 수 있을까요? 어떻게 하면 성령님께서 우리의 심령 속에 미래적 축복을 지금 갖고 오시도록 하게 할 수 있을까요?

하나님의 말씀인 성경에서는 그것은 간단한 문제라고 말합니다. 그렇습니다. 그 방법은 매우 간단합니다. 그렇지만 또한 매우 어렵습니다. 왜냐하면 하나님 나라가 내 속에서 이루어지기 위해서는 인간 존재의 깊은 곳에 있는 문제가 해결되어야 하기 때문입니다. 사도 바울은 로마서에서 "네가 만일 네 입으로 예수를 주로 시인하며 또 하나님께서 그를 죽은 자 가운데서 살리신 것을 네 마음에 믿으면 구원을 얻으리니"(롬 10:9)라고 말하였고, 사도행전 16장에서는 빌립보 감옥에서 간수에게 "주 예수를 믿으라 그리하면 너와 네 집이 구원을 얻으리라"(31절)고 말하였습니다. 또한 마태, 마가, 누가, 요한 네 사도는 사복음서에서 복음서를 쓴 목적에 대해 다음과 같이 말하고 있습니다. "오직 이것을 기록함은 너희로 예수께서 하나님의 아들 그리스도이심을 믿게 하려 함이요 또 너희로 믿고 그 이름을 힘입어 생명을 얻게 하려 함이니라"(요 20:31).

정말로 하나님 나라에 들어가려면 예수님이 하나님의 아들임을 믿고 입으로 고백만 하면 될까요? 예수님께서 우리 죄를 위하여 죽으시고 부활하셨다는 것을 받아들이기만 한다면 하나님 나라의 축복은 자연적으로 우리에게 주어질까요? 기독교가 믿는 신조를 입으로 내뱉기만 하면 될까요? '예수 내 구주'라는 세 단어만 입으로 말하면 만사형통할까요? 예수 그리스도를 주로 고백한다는 것과 예수님을 믿는다는 것은 다른 것을 의미합니까? 이에 대한 대답들의 공통분모는 단 하나입니다. 그것은 바로 결단이라는 것입니다. 하나님 나라는 결단을 요구합니다. 이미 이 세대에 침투한 하나님 나라의 축복을 나의 것으로 만들기 위해서는 각자의 결단이 필요합니다. 하나님 나라는 개개인의 개인적인 결단을 요구합니다. 불트만이라는 신학자는 "천국이 가까이 왔다. 회개하고 복음을 받아들이라"는 예수님의 말씀은 하나님 나라를 받아들이기 위해 개인적인 결단을 요구하는 말이라고 주장합니다. 그렇습니다. 그의 주장은 절대적으로 옳습니다. 우리가 하여야 할 결단은 회개하는 것입니다. 회개한다는 말은 돌아선다, 삶의 코스를 바꾼다, 행동의 모든 방향을 바꾼다, 돌아서서 하나님 나라를 받아들이도록 결정한 후 하나님 나라를 정말로 받아들인다는 말입니다.

생명은 결정 여하에 달려 있습니다. 각 개인의 삶은 결정의 연속이라 해도 과언이 아닙니다. 같은 능력과 지능을 갖고 태어나더라도 어떠한 결정을 하느냐에 따라 두 사람의 삶은 많은 차이가 납니다. 어떤 결정을 내리느냐에 따라 행복과 불행이 좌우되는 경우가 얼마나 많이 있습니까? 올바로 내린 결정 한 번이 그 사람의 일생을 행복으로 이끄는 경우가 이 세상에는 수없이 많이 있습니다. 그런가 하면 결정 내리는 것이 두려워 일생을 남의 그림자 안에서만 살아가는 사람도 많이 있습니다. 결단을 못 내리고 주저하기만 하다가 기회를 놓쳐 제대로 인생을 살아가지 못하고 있는 사람들이 우리 주위에는 허다합니다.

회개의 핵심은 결단이며 이 결단이 현재와 미래의 축복을 가능케 합니다. 예수님께서는 갈릴리 지역에서 마지막 사역을 끝내실 즈음에 칠십 인의 제자들을 각 곳에 보내시면서 하나님 나라의 복음을 전하라고 명하셨습니다. 이때 예수님께서는 제자들에게 "어느 동네에 들어가든지 … 거기 있는 병자들을 고치고 또 말하기를 하나님의 나라가 너희에게 가까이 왔다 하라"(눅 10:8-9)고 명령하셨습니다. 예수님의 파송을 받은 칠십 명의 제자들이 예수님의 이러한 명령에 순종하였을 때, 그들이 들어간 동네에 하나님의 나라가 침투하였습니다. 제자들은 외관상으로는 보통사람들과 다를 바가 없었습니다. 그들은 그저 갈릴리 지방에 사는 어부들일 뿐입니다. 그러나 그들은 예수님으로부터 보내심을 받은 사람이기 때문에 하나님 나라를 갖고 나눠 주는 사람들인 것입니다.

그들이 전한 하나님 나라의 복음에 사람들은 어떻게 반응하였을까요? 하나님 나라에 대해 전해 들은 사람들은 제자들을 영접하여 그들이 갖고 온 하나님 나라의 복음을 받아들이기도 하고 또 더러는 거절하여 받아들이지 않기도 하였습니다. 그러나 그들이 거절할 경우 그 결과는 좋지 않았습니다. 예수님은 제자들에게 거절하는 사람들에게는 다음과 같이 할 것을 지시하셨습니다. "어느 동네에 들어가든지 너희를 영접지 아니하거든 그 거리로 나와서 말하되 너희 동네에서 우리 발에 묻은 먼지도 너희에게 떨어버리노라 그러나 하나님의 나라가 가까이 온줄을 알라 하라 내가 너희에게 말하노니 저날에 소돔이 그 동네보다 견디기 쉬우리라"(눅 10:10-12).

그렇습니다. 하나님 나라는 개인의 의지적 결단을 요구합니다. 우리는 하나님 나라를 받아야 합니다. 우리는 하나님 나라에 우리를 내어 드려야만 합니다. 하나님께서는 우리에게 하나님 나라의 의를 구하라고 요구하시며 또한 하나님 나라의 의를 우리에게 수여하십니다. 하나님께서는 하나님 나라에 들어가기 위해 요구되는 바를 우리보고 이루어 가라고 하시지 아니하십니다. 하나님은 우리가 그분의 나라에 들어갈 때 필요한 것들을 우리에게 주십니다. 어느 수준에 도달하는 사람만 하나님 나라에 들어갈 수 있는 것이 아닙니다. 아무나 하나님 나라에 들어갈 수 있습니다. 그러나 단 한 가지 우리가 해야 할 것은 회개하는 것입니다. 이 회개라는 말 속에는 회개하고, 돌아서서, 하나님 나라를 받아들이는 것이 다 포함되어 있습니다. 우리가 하나님 나라를 받으면 우리는 또한 그 나라의 생명과 축복도 동시에 받습니다.

회개만 하면 하나님 나라를 받는 것은 사실이지만 그렇다고 가볍게 넘어갈 수 있는 문제는 아닙니다. 예수님께서는 이에 대해 뭐라고 말씀하셨는지 누가복음 9장 57절 이하에서 한번 살펴봅시다. 예수님께서 길을 가실 때에 어떤 사람이 예수님께 "여짜오되 어디로 가시든지 저는 좇으리이다"라고 말했습니다. 이 사람은 예수님을 따르기로 결단한 듯했습니다. 이에 대해 예수님께서는 "여우도 굴이 있고 공중의 새도 집이 있으되 인자는 머리 둘 곳이 없도다"(58절)라고 말씀하셨습니다. 이 말은 "나를 따른다는 것이 얼마나 큰 결정인 줄 아느냐? 너는 나를 따르는 데에 따르는 어려움에 대해 익히 알고서 나를 따르고자 결정을 내렸느냐? 네가 나의 제자가 되려고 하는 모양인데 정작 나는 집도 없고 권세도 없고 아무 특권도 없는 자인 것을 아느냐? 너도 나처럼 그렇게 살 수 있는지를 심각히 고려해 보고 결정을 내려야 하지 않겠느냐?"라는 말을 내포하고 있습니다. 예수님께서는 가벼운 결정을 요구하시는 것이 아닙니다. 예수님께서는 이러한 것들을 다 고려한 후 결단을 내리기를 요구하십니다.

그리고 이 말씀을 하신 후 예수님께서는 연이어 어떤 사람을 보고 "나를 좇으라"고 말씀하셨습니다. 그러자 이 사람은 "나로 먼저 가서 내 부친을 장사하게 허락하옵소서"(59절)라고 대답합니다. 이 사람이 말하는 바는 이렇습니다. "예수님, 제가 당신을 따르긴 하겠습니다. 그러나 시간적 여유를 좀 주십시오. 제가 급하게 먼저 끝내야 할 세상 일이 하나 있습니다. 그 일을 끝낸 후에 당신을 따르겠습니다." 이에 대해 예수님께서는 단호한 태도로 다음과 같이 말씀하셨습니다. "죽은 자들로 자기의 죽은 자들을 장사하게 하고 너는 가서 하나님의 나라를 전파하라"(60절). 하나님 나라는 즉각적이고도 지체치 않는 결정만을 수용합니다. 당신에게 그러한 요구가 들어왔을 때, 당신은 그 요구에 대해 시간을 질질 끌면서 세상 일을 하고 있어서는 안 됩니다. 돈 걱정, 생활 걱정, 직장 걱정, 술 못 먹을 걱정, 십일조 낼 걱정을 해서는 예수님을 믿을 수가 없습니다. 그런 걱정들일랑 내어 버려야 합니다. "결혼하고 나서, 자식들 장가 보내고 나서 따르겠습니다"라고 말해서는 안 됩니다. 예수님께서는 지금 결정하라고 촉구하고 계십니다.

또 연이어 다른 사람이 예수님에게 와서 말했습니다. "주여 내가 주를 좇겠나이다 마는 나로 먼저 내 가족을 작별케 허락하소서"(61절). 그럴듯한 말입니다. 집을 떠나 예수님을 따라가는데 부모님과 형제에게 작별 인사를 한다고 해서 무슨 큰 잘못이 있겠습니까? 그러나 예수님의 대답은 단호합니다. "예수께서 이르시되 손에 쟁기를 잡고 뒤를 돌아보는 자는 하나님의 나라에 합당치 아니하니라 하시니라"(62절). 예수님을 따르는 데에는 그 어떤 이유로든지 지체해서는 안 됩니다. 예수님을 따르고자 결단한 자에게 우물쭈물할 시간이 있다는 것 자체가 이상합니다. 하나님 나라는 당신이 뒤돌아볼 시간을 허락하지 아니합니다. 자신이 남겨둔 것들에 시선을 돌리는 것을 허락하지 아니합니다. 과거에 연연해서는 안 됩니다. 그 어떠한 희생이 따르더라도 예수님을 내 일생 끝까지 따르리라는 결정을 지체없이 해야 합니다. 쟁기를 잡고 뒤를 돌아보는 자는 하나님 나라에 합당치 아니합니다. 하나님 나라는 확고한 결단을 요구합니다.

한 걸음 나아가 하나님 나라는 철두철미한 결단을 요구합니다. 사소한 일을 할 때는 몰라도 하나님 나라에 대한 결정은 철저해야 합니다. 이에 대해 예수님께서는 다음과 같은 말씀을 하셨습니다. "세례 요한의 때부터 지금까지 천국은 침노를 당하나니 침노하는 자는 빼앗느니라"(마 11:12). 이 말씀이 뜻하는 바에 대해 신학자들 사이에 이견이 많은 것이 사실입니다. 그러나 우리는 이 말씀을 누가복음의 다음과 같은 말씀으로 쉽게 풀 수가 있습니다. "율법과 선지자는 요한의 때까지요 그 후부터는 하나님 나라의 복음이 전파되어 사람마다 그리로 침입하느니라"(눅 16:16). 여기서 침입한다는 말은 하나님 나라에 들어가기 위해 과격하게 완력을 행사해야 된다는 의미가 포함되어 있습니다. 이처럼 하나님 나라에 들어가기 위해서 철저한 마음가짐과 결단이 요구되는 것입니다.

하나님 나라에 들어가기 위해 과격해지고 완력을 행사해야 된다는 의미가 무슨 의미인지 생각해 봅시다. 과격하게 완력을 행사하는 것과 하나님 나라를 받아들이는 것과는 어떤 관계가 있을지 생각해 보자는 말입니다. 이와 관련하여 예수님께서는 다음과 같은 과격한 말씀을 하신 적이 있습니다. "만일 네 눈이 너를 범죄케 하거든 빼어버리라 한 눈으로 하나님의 나라에 들어가는 것이 두 눈을 가지고 지옥에 던지우는 것보다 나으니라"(막 9:47). 또한 하나님 나라에 들어가기 위해 범죄하는 손을 찍어 내어 버리라고도 말씀하셨습니다(막 9:43-46). 이 말씀들은 하나님 나라에 들어가기 위해선 우리가 완력으로 과격해져야 한다는 것과 같은 의미의 말입니다. 그렇습니다. 우리는 하나님 나라에 들어가기 위해 범죄케 하는 우리의 눈과 손발을 찍어 내어 버릴 정도의 희생을 감수하고자 하는 태도와 마음 자세를 갖고 있어야 합니다.

"내가 세상에 화평을 주러 온 줄로 생각지 말라 화평이 아니요 검을 주러 왔노라"(마 10:34). 칼은 과격한 싸움에서 요구되는 무기입니다. 하나님 나라에 들어가려는 결단은 칼과 같습니다. 그 칼은 우리와 세상의 그 어떤 유대도 끊어 버리는 칼입니다.

그 칼로 세상과의 유대관계를 끊을 때 아픔과 고통이 동반됩니다. 예수님은 말씀하셨습니다. "무릇 내게 오는 자가 자기 부모와 처자와 형제와 자매와 및 자기 목숨까지 미워하지 아니하면 능히 나의 제자가 되지 못하고"(눅 14:26). 하나님 나라에 들어가기 위해서는 가족을 미워할 정도의 격렬한 싸움이 요구됩니다. "좁은 문으로 들어가기를 힘쓰라 내가 너희에게 이르노니 들어가기를 구하여도 못하는 자가 많으리라"(눅 13:24). 하나님 나라에 들어가기 위해서 우리는 좁은 길을 가야 합니다. 많은 고뇌를 겪을 것도 각오해야 합니다. 마치 운동선수들이 상급을 얻기 위해 인내하는 것과 같습니다. 하나님 나라에 들어가기 위해서는 희생이 요구됩니다.

손발을 찍어 내라, 눈을 뽑아 버리라는 예수님의 말씀은 하나님 나라에 들어가기 위해 우리가 내려야 할 결단이 어떠해야 하는가에 대한 상징적인 표현들입니다. 요즘 사람들은 예수님을 너무 쉽게 믿습니다. 그저 성공하고, 돈을 많이 벌고, 권력을 얻기 위해서 예수님을 믿는 사람이 많습니다. 이런 사람들은 희생하라고 하면 예수님을 반납할 사람들입니다. 이런 사람들은 예수님을 믿는 것이 아니고 그저 많은 종교 중 편의상 기독교라는 종교를 갖고 있는 사람일 뿐입니다. 예수님께서는 그런 사람들은 하나님 나라를 소유한 사람들이 아니라고 말씀하셨습니다. 하나님 나라는 중대한 결단을 요구하고 그 어떠한 희생을 치르더라도 얻겠다고 하는 격렬한 태도를 선결 요건으로 합니다. 어쩌면 현대 서구 문화가 수용하는 기독교는 기독교라고 하기보다는 편한 종교라고 하는 편이 옳을 것입니다. 예수님을 믿는다는 것은 예수님을 따른다는 것이요, 예수님을 따른다는 것은 예수님의 제자가 된다는 것이요, 예수님의 제자가 된다는 것은 하나님 나라를 얻기 위해 모든 불필요한 것들을 단호하고 지체없이 제거한다는 것을 말합니다. 예수님의 제자들은 세상 것을 제거하는 데에만 과격해야 합니다.

하나님 나라는 큰 희생을 요구합니다. 한 부자 청년이 어느 날 예수님에게 와서 다음과 같이 물었습니다 "선생님이여 내가 무슨 선한 일을 하여야 영생을 얻으리이까"(마 19:16). 예수님께 찾아와 물을 정도의 열성으로 영원한 생명을 갖고자 자원하는 사람이 오늘날 어느 정도나 될까요? 예수님을 찾아왔던 부자 청년은 심령 속에 영생에 대한 갈급함이 있었던 사람입니다. 이 사람은 하나님 나라를 소유하고자 하였던 사람입니다. 이 사람은 구원을 얻고자 하였던 사람입니다.

예수님께서는 그 청년이 영생을 얻기를 간절히 소망함을 아시고는 조치를 내리신 후에 그러고 나서 자신을 따르라고 대답하셨습니다(21절). 이 조치는 결단이며, 이행하기 매우 어려운 요구사항이었습니다. 예수님께서는 청년에게 가지고 있는 소유물을 다 팔아 가난한 사람들에게 나눠 준 후 자신을 따르라고 말씀하셨습니다. 예수님께서는 청년에게 있어 하나님 나라를 소유하는 데 최대의 장애물이 바로 재물인 것을 아시고 이렇게 말씀하신 것입니다. 그 청년은 부자였던 것이었습니다.

물론 청년이 자신의 재물을 처분했다손 치더라도 그 행위가 자동적으로 그 청년을 예수님의 제자로 되게 하는 것은 아닙니다. 그 청년이 재물을 처분하여 극빈자 대열에 끼었다 하더라도 그것으로 다 된 것은 아닙니다. 재물 처분 후에 반드시 예수님을 따라야 하는 것입니다. 그렇기 때문에 예수님께서는 "네 소유를 팔아 가난한 자들을 주라 … 그리고 와서 나를 좇으라"(마 19:21)라고 말씀하셨습니다. 이 청년의 경우에는 재물 처분이 선결되어야 할 조건입니다. 청년에게 있어서는 재물이 예수님을 따르는 데 장애물이 되었기 때문에 예수님께서는 그 장애물을 제거한 후에 자신을 따르라고 말씀하셨습니다. 재물이든 가족이든 그 무엇이든지 예수님을 따르는 데 장애가 되는 것을 우리는 먼저 제거해야 합니다. 그럴 때에야 비로소 우리는 예수님을 따를 수 있으며 하나님 나라를 소유할 수 있습니다.

예수님께서는 나를 따르면 가난하게 될 것이라 말씀하시지 않으셨습니다. 예수님께서 재물을 처분한 후 자신을 따르라고 하신 이유는 우리가 가난하게 되는 것을 원해서가 아닙니다. 예수님께서는 재물이 우리에게 허황된 안전을 제공하여 준다는 것을 너무 잘 알고 계셨기 때문입니다. 그러기에 예수님께서는 "너희를 위하여 보물을 땅에 쌓아 두지 말라 거기는 좀과 동록이 해하며 도적이 구멍을 뚫고 도적질하느니라"(마 6:19)고 말씀하셨습니다. 사람들은 재물이 많으면 행복해지고 걱정도 없어질 것이라는 잘못된 가정하에서 재물을 모으려고 발버둥을 칩니다. 그러나 예수님께서는 재물이 많을수록 그 재물을 지키기 위해 걱정하므로, 오히려 재물이 많을수록 걱정도 많아진다고 가르쳐 주셨습니다. 가난 그 자체는 덕도 아니요, 축복도 아닙니다. 다만 예수님께서는 하나님 나라와 그에 따른 축복을 얻기 위해서 세상 나라에 집착하는 것을 잘라 버릴 것을 명하시는 것입니다. 그러한 결단에 재물이 가로막고 있다면 제거해야 합니다. 예수님께서는 부자 청년에게 "부자 청년이여, 장애물은 돈입니다. 당신의 재물 사랑이 나를 따르는 데 있어서 장애물입니다. 그 장애물을 없앤 후에 나를 따르십시오. 당신이 재물이 아닌 하나님 나라에 더 애착한다는 것을 증명하십시오. 당신의 재산을 팔아 가난한 자들에게 다 나눠 줌으로 장애물이 없어졌다는 것을 증명하십시오. 그런 후에 나를 따르십시오"라고 말씀하신 것입니다.

하나님 나라가 요구하는 것은 결단이며 이 결단은 당신이 귀하게 생각하는 것을 버릴 것을 촉구합니다. 부귀, 영화, 권세, 재물이 하나님 보시기에 올바른 위치로 제자리를 찾아가야 합니다. 하나님의 영광을 구하는 것이 첫 번째가 되어야 합니다. 그 외의 자신을 위한 이익이 결코 하나님 나라를 얻는 것보다 귀할 수는 없습니다. 그렇게 되기 위해서는 의지적 결단이 필요합니다. 하나님을 먼저 섬기겠다는 결단이 필요합니다.

저는 많은 젊은이들이 위대한 그리스도인이 되기 위해 노력하는 것을 보아 왔습니다. 그들은 훌륭한 그리스도인으로 추앙받기 위한 야망을 이루기 위해 안간힘을 씁니다. 그러나 우리는 그러한 야망마저 버리고 내 이름 석 자가 초야에 묻혀도 좋고, 하나님을 위해서라면 이 한 목숨 버려져도 아깝지 않다는 생각으로 살아가야 합니다.

사도 바울은 예수님을 따르는 제자로서 재물 축복에 대한 올바른 태도에 관해 다음과 같이 말한 바 있습니다: "그가 우리를 흑암의 권세에서 건져내사 그의 사랑의 아들의 나라로 옮기셨으니"(골 1:13), "하나님의 나라는 먹는 것과 마시는 것이 아니요 오직 성령 안에서 의와 평강과 희락이라"(롬 14:17). 사도 바울은 하나님 나라를 위하여 살고 또한 그 나라를 경험하였던 사람입니다. 그렇게 살아 온 삶이었기에 그는 "내가 궁핍하므로 말하는 것이 아니라 어떠한 형편에든지 내가 자족하기를 배웠노니 내가 비천에 처할 줄도 알고 풍부에 처할 줄도 알아 모든 일에 배부르며 배고픔과 풍부와 궁핍에도 일체의 비결을 배웠노라 내게 능력 주시는 자 안에서 내가 모든 것을 할 수 있느니라"(빌 4:11-13)고 담대하게 말할 수 있었습니다. 사도 바울은 어떠한 상황에서도 자족할 수 있는 비결을 배웠습니다. 재물의 많고 적음이 그에겐 하등 문제가 되지 않았습니다. 그는 이미 하나님 나라를 소유하였고 그 나라의 풍족함을 이 땅에서 소유하고 만끽하고 있기에 빈곤이 그의 그러한 기쁨을 앗아 갈 수 없었던 것입니다. 그는 '가진 것이 아무것도 없고 하나님이 날 버렸구나'라고 생각하지 않았습니다. 그가 설사 많은 재물을 소유하게 되었더라도 그는 그것 때문에 하나님을 덜 사랑하지 않았을 것입니다. 그는 진정 그에게 능력 주시는 자 안에 거하는 방법을 알고 있었습니다.

바울의 이러한 재물에 관한 올바른 태도는 하나님 나라의 축복을 알고자 하는 사람은 누구나 반드시 알고 있어야만 하는 방법입니다. 예수님을 찾아왔던 부자 청년은 의와 평강과 희락으로 이루어진 하나님 나라의 삶을 알지 못했던 사람입니다. 그는 하나님 나라에 관해 전혀 문외한이었습니다. 그의 첫사랑은 재물이요, 재물에 관계된 모든 것이었습니다. 그는 많은 재물을 갖고 있었으나 거기서 만족을 찾을 수 없었습니다. 그래서 그는 예수님을 찾아왔습니다. 그러나 예수님이 재물을 처분할 것을 촉구하자 그는 예수님의 제안에 승복할 수 없었습니다. 그래서 그는 영생을 포기하고 근심하며 돌아갔던 것입니다. 그는 스스로 그의 많은 재산을 포기할 만큼의 희생적 결단을 내릴 수 없었습니다.

하나님께서는 하나님 나라에 들어가기 위해서는 누구든지 가진 재산을 다 포기해야 한다고 말씀하시지 않습니다. 그러나 그분은 누구에게나 소유에 대한 집착을 버릴 것은 명하십니다. 재물이 문제가 되면 재물을 버리라고 명령하십니다. 권세에 집착하는 사람들에게는 권세를 버리라고, 자녀에 집착하는 사람들에게는 자녀를 버리라고 말씀하십니다. 하나님 위에 놓은 그 어떤 것도 하나님은 원치 아니하십니다. 하나님의 자녀들은 사랑의 아버지로부터 이 땅에서 살 때에 좋은 것으로 공급을 받습니다(마 6:26-30). 이것을 믿는 자녀는 공급받은 것과 앞으로 공급받을 것에 대해 하나님께 감사하는 마음을 가집니다. 그렇게 공급받기 때문에 하나님을 사랑하는 것이 아닙니다. 그리 아니하실지라도 그들은 하나님께 감사하는 삶을 살아갑니다. 하나님을 믿는 자녀는 먼저 하나님 나라와 그 의를 구할 때 하나님께서 우리 삶에 필요한 모든 것을 공급하여 주실 것을 믿습니다(마 6:33-34). 이것을 그 부자 청년은 믿지 않았습니다. 그는 자신의 재산을 더 믿었습니다. 그러므로 우리는 하나님을 믿기 전에 우리의 재물을 의지하는 것을 완전히 버려야 합니다. 그 부자 청년이 당면했던 것은 결단이었으며 이 결단은 그리스도를 위해 그에겐 매우 소중했던 것을 버림을 의미하였습니다.

때론 이런 결단은 사랑하는 사람까지도 포기할 수 있어야 합니다. 사람에 대한 정이 하나님 나라와 그분의 의를 구하는 것 위에 있으면 안 됩니다. 예수님께서는 제자들을 파송하시면서 천국이 가까이 왔다고 외칠 것을 명하셨습니다(마 10:7). 하나님 나라에 대해 외치는 것은 제자들의 몫이요, 이것을 받아들이고 거절하는 것은 이 외침을 들은 사람들의 몫입니다. 하나님 나라의 복음을 받아들이는 사람이 바로 예수님을 받아들이고 영접하는 사람입니다. 또한 예수님을 영접하는 사람은 하나님 나라의 왕인 하나님을 받아들이는 사람입니다. "너희를 영접하는 자는 나를 영접하는 것이요 나를 영접하는 자는 나 보내신 이를 영접하는 것이니라"(마 10:40). 이렇게 하나님 나라와 그 의를 받아들인다는 것은 매우 큰 희생을 강요하는 것입니다. 심지어는 이 때문에 가족마저 저버려야 할 경우가 있습니다. 그러므로 예수님께서는 다음과 같이 말씀하셨습니다. "내가 세상에 화평을 주러 온 줄로 생각지 말라 화평이 아니요 검을 주러 왔노라 내가 온 것은 사람이 그 아비와, 딸이 어미와, 며느리가 시어미와 불화하게 하려 함이니 사람의 원수가 자기 집안 식구리라 아비나 어미를 나보다 더 사랑하는 자는 내게 합당치 아니하고 아들이나 딸을 나보다 더 사랑하는 자도 내게 합당치 아니하고"(마 10:34-37).

이 말씀은 예수님을 믿으면 무조건 가족에 대한 사랑을 끊어 버려야 한다는 말입니까? 예수님을 따르게 되면 가족을 떠나야 한다는 말입니까? 절대로 그런 말이 아닙니다. 사실은 그 반대여야 합니다. 이 세상에서 가장 행복한 사람이란 인간관계가 하나님 나라의 경험으로 더욱더 아름다워지는 것을 체험한 사람들입니다.

주님의 이 말씀의 핵심은 인간관계가 하나님 나라와 그 의를 구하는 데 장애물이 된다면 그 장애물을 치워 버리라는 것입니다. 그것이 부모가 됐건 형제가 됐건, 심지어는 아내가 됐건 주님의 명령은 확고합니다. 상대방이 "하나님을 사랑하든지 날 사랑하든지 선택하세요"라고 한다면 당신은 반드시 하나님 사랑을 택해야 한다는 것입니다. 왜냐하면 주님께서 먼저 하나님 나라와 그 의를 구하라고 명령하셨기 때문입니다. 인간에 대한 연민이 깨어지더라도 우리는 하나님의 명령을 우선순위의 첫 번째에 놓아야 합니다.

가령 미국이란 나라를 생각해 봅시다. 미국은 기독교 문화가 그 주류를 이루고 있으므로 예수님을 믿는다는 이유로 가족을 떠난 사람은 많지 않습니다. 대부분의 경우 미국 문화에서 태어난 아이들은 부모의 관심과 기도 속에 태어납니다. 부모와 아내와 자녀가 함께 기도하는 가정, 주님을 같은 주로 모신 가정들이 많이 있는 나라는 행복한 나라입니다. 그런 면에서 미국은 하나님의 축복을 받은 나라입니다. 그러나 불행하게도 세상의 모든 나라들이 그런 것은 아닙니다. 세상의 모든 가정이 그런 것은 아닙니다. 어떤 나라에서는 예수님을 믿었다는 이유로 가족으로부터 영원히 제명되는 경우도 많습니다. 목숨을 내놓고 예수님을 믿어야 하는 나라에서는 죽음을 각오하고 예수님을 믿는 사람도 많이 있습니다. 부모에게 맞아서 시퍼렇게 멍든 몸을 끌면서 교회에 나가는 사람도 이 세상엔 많이 있습니다. 예수님을 목숨과 바꾸어 가면서까지, 가족으로부터 거절당하면서까지 믿어야 하는 이와 같은 경우가 세상에는 허다하게 많습니다. 예수님을 믿고 하나님 나라를 받아들인다는 결단은 위대한 결단으로 큰 희생도 감수할 것을 각오해야 하는 결단입니다.

또한 예수님께서는 "자기 십자가를 지고 나를 좇지 않는 자도 내게 합당치 아니하니라"(마 10:38)라고 말씀하셨습니다. 하나님의 나라는 내 목숨까지 요구합니다. 십자가를 지고 나를 좇으라는 말은 무슨 뜻입니까? 십자가를 진다는 것은 무슨 뜻입니까? 자기 십자가란 어떤 십자가입니까? 내가 만일 암에 걸렸다면 암으로 인한 고통이 나의 십자가입니까? 관절염에 걸렸다면 관절염으로 인한 육체적 고통이 나의 십자가입니까? 남편이 벌컥 화를 자주 내는 사람이라면 이런 사람하고 평생 살아야 하는 것이 나의 십자가입니까? 술집을 운영하거나 술집에서 술 따라 주는 생활을 하면서 예수님을 믿어야 하는 것이 나의 십자가입니까?

음담패설이 난무하는 환경에서 직장 생활을 하면서 예수님을 믿는 것이 나의 십자가입니까? 힘들긴 할 것입니다. 그러나 이러한 것들이 자기 십자가는 아닙니다. 이러한 것들은 짐입니다. 파괴하여 없애 버려야 할 무거운 짐입니다. 십자가는 짐이 아닙니다. 십자가는 죽음이 있는 자리에 세워진다는 사실을 기억하십시오. 십자가의 무거운 짐을 지고 계속 간다는 말은 핀트가 안 맞는 말입니다. 당신이 십자가를 지고 간다면 당신은 반드시 골고다까지 가서 자신이 십자가에 못 박혀 죽어야 합니다.

보십시오. "아무든지 나를 따라 오려거든 자기를 부인하고" (눅 9:23 상반절). 예수님의 이 말씀은 무엇을 말함입니까? 자기를 부인한다는 것은 뭘 말합니까? 술을 안 먹는다는 말입니까? 담배를 거부한다는 말입니까? 주님은 물건을 부인하라 아니하시고 나 자신을 부인하라고 하셨습니다. 이에 대한 예수님의 말씀 전모는 이렇습니다. "또 무리에게 이르시되 아무든지 나를 따라 오려거든 자기를 부인하고 날마다 제 십자가를 지고 나를 좇을 것이니라" (눅 9:23). 물건에 대한 부인은 자기중심적인 부인이고 자신에 대한 부인은 그리스도 중심적인 부인입니다. 십자가는 사람을 죽이기 위한 기구입니다. "아무든지 나를 따라 오려거든 자기를 부인하고 날마다 제 십자가를 지고 나를 좇을 것이니라"는 말씀은 모든 그리스도인들이 육체적 죽음을 통과해야 한다는 말이 아닙니다. 그렇지만 이 말씀은 그리스도를 따르기로 한 모든 사람들은 죽음까지도 각오해야 한다는 말입니다. 만약 어떤 상황에서 목숨과 하나님 나라 둘 중 하나를 선택해야 한다면 우리는 죽더라도 후자를 선택해야 한다는 말입니다.

이 악한 세대에서 그리스도를 믿기 때문에 하나님 나라가 요구하는 자신의 생명을 희생하여 피 흘려 죽은 사람들이 많이 있습니다. 이것이 바로 십자가를 진다는 것의 의미입니다. 그리스도를 위하여 죽으면 죽으리라는 자세입니다. 십자가를 진다는 것은 그리스도에 대한 온전한 헌신을 의미하는 것이며, 필요하다면 자신의 생명까지도 하나님 나라와 그 의를 구하는 것에 내어 놓는 것을 의미합니다. 십자가를 진다는 것은 예수님을 따르는 데 장애물이 된다면 나 자신까지도 포기하는 것을 의미합니다. 그것은 또한 나의 의지, 소망, 야망, 나의 희망을 그리스도를 위해 그분 앞에 내어 놓는 것을 의미합니다. 십자가를 진다는 것은 나는 죽은 것으로 여기고 그럼으로써 내 안에 그리스도가 살게 하는 것입니다. 그러기에 사도 바울은 다음과 같은 고백을 했습니다. "내가 그리스도와 함께 십자가에 못 박혔나니 그런즉 이제는 내가 산 것이 아니요 오직 내 안에 그리스도께서 사신 것이라 이제 내가 육체 가운데 사는 것은 나를 사랑하사 나를 위하여 자기 몸을 버리신 하나님의 아들을 믿는 믿음 안에서 사는 것이라"(갈 2:20).

십자가를 진다는 것은 인간의 영에서 일어나는 사건이며 이 사건은 그리스도와 관계를 맺기 위한 주춧돌입니다. 내가 만일 그리스도를 위해 죽음까지라도 불사하겠다고 각오하였다면 그 각오는 내 생명의 주인은 내가 아니고 그리스도라는 것을 깨달았기 때문에 가능한 각오입니다. 여러분의 생명과 여러분이 소유한 모든 것은 여러분의 것이 아니라 그리스도의 것입니다. 그러므로 십자가를 진다는 것은 자신의 구주와 왕과 통치자가 되시는 분이 바로 그리스도라는 사실을 의미합니다. 내가 나를 십자가에 못 박아 죽이기 전까지는 그리스도가 나를 점령하실 수 없습니다. 우리의 선택은 이것입니다. 누가 나의 주인인가? 나 자신인가 아니면 그리스도인가? 내가 내 십자가를 지고 나서 십자가에 매달린 후 내가 죽어야지 내 안에 그리스도가 부활하십니다. 죽는 것은 나이고 사는 것은 그리스도입니다.

제가 교수로 있는 신학교에 다니는 한 학생의 이야기를 들려 드리겠습니다. 그 학생은 신학교에 오기 전에 세계적인 음악 학교에서 피아노를 전공한 세계적인 피아니스트였습니다. 그래서 그는 음악으로 하나님께 영광 돌리고자 신학교에 들어왔습니다. 그의 미래는 꿈에 차 있었습니다. 그는 세계적인 교회에서 음악 목사로 사역해도 손색없는 사람입니다. 그러나 어느 날 하나님께서는 그에게 말씀을 외치는 자가 되길 원하는 마음을 강하게 주셨습니다. 그것이 하나님의 뜻인 것을 안 그 학생은 주저없이 음악을 포기하고 설교 목사가 되었습니다. 그는 자신의 음악 사랑을 그리스도의 발 앞에 놓았습니다. 그는 자신의 음악 사랑을 십자가에 못 박았습니다. 더 정확히 말하자면 그는 자신을, 또한 자신의 의지와 욕망과 계획을 십자가에 못 박아 죽인 것입니다. 그렇게 그 청년이 자신의 것을 주님께 바치자 주님께서는 그 받으신 것을 그 청년에게 다시 주셨습니다. 수년이 지난 지금 그 청년은 선교사로서 복음을 전하면서 자신의 음악적

재능을 주님을 위해 쓰고 있습니다. 그 청년이 한 것은 주님을 위해 바로 자신의 재능과 야망을 십자가에 못 박았던 것입니다.

하나님의 나라는 영원을 결정짓는 결단입니다. 그 한 번의 결단이 우리의 미래를 결정짓습니다. 예수님께서는 다음과 같이 말씀하셨습니다. "내가 또한 너희에게 말하노니 누구든지 사람 앞에서 나를 시인하면 인자도 하나님의 사자들 앞에서 저를 시인할 것이요 사람 앞에서 나를 부인하는 자는 하나님의 사자들 앞에서 부인함을 받으리라"(눅 12:8-9). "누구든지 이 음란하고 죄 많은 세대에서 나와 내 말을 부끄러워하면 인자도 아버지의 영광으로 거룩한 천사들과 함께 올 때에 그 사람을 부끄러워하리라"(막 8:38). 미래의 심판의 날이 현실로 될 날이 있을 것입니다. 그날이 오면 하나님께서는 선인과 악인을 나누십니다. 그때가 바로 그리스도께서 권능과 영광 가운데 오셔서 하나님 나라의 자녀들은 구원하시고 어둠의 자녀들은 버리시는 날이 될 것입니다. 하나님 나라는 그렇게 영광과 권능으로 임하십니다.

그러나 하나님의 은혜로 하나님께서는 심판 전에 그의 아들을 인간에게 보내셨습니다. 그리스도께서 우리에게 오셔서 하나님 나라의 요구 조건과 그 축복들을 모두 수용할 것을 다음과 같이 촉구하셨습니다. "회개하라. 천국이 가까이 왔다." 이 말은 회개하고 하나님 나라를 받으라는 말입니다. 하나님 나라를 받으십시오. 예수님께서는 심판 날 전에 십자가의 대속의 죽음을 통해서 우리가 하나님 나라를 지금 이곳에서부터 미리 받을 수 있도록 해 놓으셨습니다. 받기로 결단하셨으면 여러분의 미래는 이미 결정되어졌습니다. 내일의 축복이 오늘의 축복이 되었습니다. 올 세대가 지금 여기에 침투하여 존재합니다. 내일의 삶을 지금 여기서 누릴 수가 있습니다. 천국이 이 땅에 이미 도래하였습니다. 그렇다면 우리가 할 것은 무엇일까요? 단 한 가지입니다. 회개하십시오. 돌아서십시오. 그리고 복음을 받아들이십시오. 그분의 통치에 나 자신을 포기하십시오. 이것이 바로 하나님 나라가 요구하는 바입니다.

하나님 나라, 이스라엘 그리고 교회

하나님 나라가 이스라엘과 어떠한 관계에 있는가? 또한 하나님 나라와 교회는 어떤 관계에 있는가? 하는 문제는 매우 풀기 어려운 문제 중 하나입니다. 이는 성경이 이러한 것에 대해 명쾌한 해답을 줄 만한 구절들을 갖고 있지 않기 때문입니다. 따라서 이러한 문제를 풀기 위해서는 성경의 여러 사실들로부터 추론하는 방법밖에 없습니다. 그 결과 이러한 문제들을 놓고 성경학자들 사이에서는 갑론을박하여 왔던 것이 사실입니다.

우리는 지금까지 신약성경에서 말하고 있는 하나님의 나라란 하나님께서 사탄을 물리치시기 위해 인간의 역사 안에 들어온 나라임을 밝혔습니다. 이 나라를 통해 하나님께서는 일하십니다. 이러한 하나님의 일하심으로 사람들은 하나님의 통치 속으로 들어갈 수 있는 축복을 받게 됩니다. 이러한 사실로부터 우리는 하나님 나라와 이스라엘의 관계를 알 수 있고 또한 하나님 나라와 교회와의 관계를 알아낼 수 있습니다.

예수님께서는 제자 열둘을 파송하시면서 다음과 같이 지시하셨습니다. "이방인의 길로도 가지 말고 사마리아인의 고을에도 들어가지 말고 차라리 이스라엘 집의 잃어버린 양에게로 가라"(마 10:5-6). 예수님께서는 제자들을 통해 가는 곳마다 하나님 나라를 수여하실 때 이스라엘로만 가라고 말씀하셨습니다. 예수님의 이러한 말씀으로부터 우리는 예수님께서는 먼저 이스라엘에게 하나님 나라를 수여하고자 하셨음을 알 수 있습니다. 예수님께서는 또한 가나안 지역에 사는 이방 여자가 자신의 딸이 귀신 들렸으니 고쳐 달라고 간청하자 "나는 이스라엘 집의 잃어버린 양 외에는 다른데로 보내심을 받지 아니하였노라"(마 15:24)고 말씀하심으로써, 이스라엘 사람이 아닌 이방 사람의 요청을 냉정하게 거절하셨습니다.

또한 예수님께서는 이스라엘 백성을 '하나님 나라의 자손'이라고 부르셨습니다. 그렇지만 예수님께서 그렇게도 염두에 두셨던 이스라엘이란 나라는 정작 예수 그리스도를 메시아로 인정치 아니하였고 그분이 가지고 오신 하나님 나라도 거절하였습니다. 이스라엘 백성들이 하나님 나라의 자녀인 것은 하나님께서 그들을 택하셨고 하나님 나라의 축복을 그들에게 주겠다고 약속하셨기 때문입니다. 그들이 하나님 나라의 자녀 됨은 하나님의 주권적 선택과 역사가 증명하여 주는 바입니다. 그런 이유에서 예수님께서는 이스라엘이라는 나라를 자신의 출생지로 삼으셨습니다. 이는 하나님께서 아브라함과 다윗의 후손인 이스라엘 백성들에게 약속하셨던 옛 약속을 예수님의 탄생으로 이루신 것입니다. 그러나 정작 이스라엘은 하나님 나라를 거절하였습니다. 그래서 그들이 당연히 받았어야 할 축복이 하나님 나라를 받아들이는 세계의 다른 여러 민족과 나라들에게로 옮겨진 것입니다.

마태복음 11장 12절 이하의 예수님 말씀이 이러한 사실을 증명해 주고 있습니다. 율법과 선지자의 시대는 세례 요한으로 끝을 맺고 그 후에는 하나님 나라의 시대가 사람들 가운데 활동하기 시작하였습니다(마 11:12-13). 13절에서 예수님께서는 "모든 선지자와 및 율법의 예언한 것이 요한까지니"라고 말씀하셨고, 12절에서는 "세례 요한의 때부터 지금까지 천국은 침노를 당하나니 침노하는 자는 빼앗느니라"고 말씀하셨습니다. 이 말씀은 하나님의 나라가 사람들 사이에서 이미 활동하기 시작하였음을 나타내 주고 있는 말씀입니다. 그러나 이스라엘 백성들은 세례 요한의 외침과 예수님의 부르심을 거절함으로써 그들에게 제공된 하나님 나라를 받아들이기를 거절하였습니다. 그래서 예수님께서는 그러한 이스라엘의 예수님 거절의 태도를 마음 닫힌 옹고집 아이로 비교하셨습니다. "이 세대를 무엇으로 비유할꼬 비유컨대 아이들이 장터에 앉아 제 동무를 불러 가로되 우리가 너희를 향하여 피리를 불어도 너희가 춤추지 않고 우리가 애곡하여도 너희가 가슴을 치지 아니하였다 함과 같도다"(16-17절).

옹고집 이스라엘은 세례 요한의 천국이 가까이 왔으니 회개하라는 요청과 아울러 예수님의 하나님 나라를 받아들이라는 요청을 거절하였습니다.

하나님을 받아들이지 않는 세대에 돌아갈 것은 심판뿐입니다 (20절 이하). 그렇기 때문에 예수님께서는 이스라엘을 고라신과 벳새다에 비교하시면서 그들에게 베푸신 기사와 이적에도 불구하고 그들이 하나님 나라를 거절하였기 때문에 그들에게 무서운 심판이 임할 것이라고 말씀하셨습니다. 예수님께서는 이스라엘의 여러 도시와 촌락에 다니시면서 귀신을 쫓아내시고 아픈 사람들을 고치시면서 하나님 나라를 전파하셨습니다. 예수님께서는 하나님 나라를 전하시면서 하나님 나라가 도래하였기 때문에 귀신들이 사람에게 쫓겨나가는 것이라고 말씀하셨습니다. 그러나 이스라엘 사람들은 예수님의 이러한 축사 현장과 치유 현장을 목격하고서도 하나님 나라를 거절하였습니다. 그러하기에 예수님께서는 이를 거절한 이스라엘에 대하여 "심판 날에 소돔 땅이 너보다 견디기 쉬우리라"(24절)고 준엄하게 말씀하셨던 것입니다.

이스라엘이 하나님 나라의 초청장을 거절하자 이번에는 이 초청장이 세상 모든 사람에게 개인적으로 보내어졌습니다. 예수님께서는 다음과 같이 말씀하셨습니다. "수고하고 무거운 짐 진 자들아 다 내게로 오라 내가 너희를 쉬게 하리라"(28절). 세상 사람 누구든지 예수님께 오면 쉼을 얻습니다. 이 말씀은 예수님께서는 모든 사람에게 하나님 나라의 초청장을 발송하셨다는 말씀에 근거가 되는 말씀 중 하나입니다.

구약성경을 살펴보면 하나님께서는 이스라엘을 하나의 가정처럼, 또한 하나의 나라처럼 여기셨음을 알 수 있습니다. 그렇기 때문에 하나님께서는 이스라엘을 택하셔서 축복하여 주셨던 것입니다. 하나님께서는 아브라함이라는 사람을 택하셔서 그의 모든 가족들에게 할례를 주라고 명령하셨고 이를 통해 그들에게 복을 주겠다고 약속하셨습니다. 그래서 아브라함은 그 가속의 남자들에게 할례를 행하였습니다(창 17:22-27). 우리는 구약에서 신약으로 나아갈수록, 특히 구약의 선지서 이후부터는 국가에 비해서 개인에 대한 것이 점점 강조되고 있긴 하지만, 하나님께서는 처음에는 이스라엘이라는 국가와 축복의 계약을 맺으셨음을 기억하고 있어야 합니다. 그러므로 이방 사람들의 경우에는, 이방인들이 이스라엘에게 속하게 될 때에만 이방인들을 축복하셨습니다. 그 한 예로 아브라함이 가속들에게 할례를 베풀 때 돈으로 산 이방 종들까지도 아브라함의 가속들과 함께 축복된 할례를 받았습니다(창 17:23).

하나님께서는 이스라엘 민족에게 하나님 나라의 축복을 약속하셨지만 하나님께서 이스라엘에게 주겠다고 약속하신 하나님의 나라는 이스라엘 백성들이 생각하였던 정치적인 나라가 아니었습니다. 유대 민족들은 하나님께서 보내 주시는 왕이 와서 자신들의 적들을 물리쳐 주는 정치적인 나라를 하나님 나라로 학수고대하고 있었습니다. 그래서 그들은 예수님이 공생애의 사역을 시작하자 그를 장차 도래할 하나님 나라의 정치적 메시아로 잘못 알고 예수님을 그들 나라의 왕으로 삼으려고 하였던 것입니다(요 6:15). 그러나 예수님께서는 자신이 정치적인 왕으로서 이 땅에 온 것이 아니고 생명의 떡으로, 곧 영생을 주는 자로 왔다고 말씀하셨습니다(요 6:52-57). 영적인 축복은 예수님 때부터 가정이나 나라 단위가 아닌 개인 단위로 주어집니다. 비록 이스라엘 백성이라고 하더라도 이제는 개인적으로 회개하고 하나님 나라를 받아들여야 거기에 합당한 축복을 받을 수가 있습니다.

그러기에 우리 주님께서는 하나님과의 관계가 개인적인 관계가 되어야 함에 대해 말씀하셨습니다. "내가 온 것은 사람이 그 아비와, 딸이 어미와, 며느리가 시어미와 불화하게 하려 함이니 사람의 원수가 자기 집안 식구리라 아비나 어미를 나보다 더 사랑하는 자는 내게 합당치 아니하고 아들이나 딸을 나보다 더 사랑하는 자도 내게 합당치 아니하고"(마 10:35-37). 우리는 예수님의 이 말씀을 통해 이제는 더 이상 하나님 나라의 축복이 가족이나 나라 단위로 이루어지지 않는다는 것을 알 수 있습니다. 가족은 더 이상 하나님과 인간관계를 연결시켜 주는 끈이 아닙니다. 이 말씀을 통해 예수님께서는 그리스도에 대한 개인적인 새로운 관계 설정으로 인해 이미 형성된 가족과의 관계까지도 끊어야 하는 경우가 있음을 설명하신 것입니다. 그러나 많은 유대 사람들은 이러한 그리스도 안에서의 새로운 관계 형성을 거절했습니다. 유대 백성 중 소수만이 그리스도의 제자가 되었고 그분을 구세주로 받아들였습니다. 이 사람들이 교회를 형성한 첫 사람들입니다.

마태복음 16장을 자세히 살펴보면 주님께서 하나님의 새 백성, 곧 교회를 만드시고자 하셨음을 알 수 있습니다. 제자들이 예수님이 메시아라는 사실을 인지하기 전까지 예수님께서는 자신이 이 땅에 오신 이유가 하나님 나라에 새로이 소속될 새로운 백성들을 만드시기 위함임을 밝히지 않으셨습니다. 예수님의 메시아로서의 임무는 사람들에게 하나님의 나라를 가져다주는 것이기에 그들이 예수 그리스도를 메시아로 고백하는 순간 하나님 나라가 그들에게 임합니다. 그러나 이스라엘 백성들과 심지어는 예수님을 따라다니던 사람들까지도 하나님 나라를 미래에 도래할 정치적인 나라로 여전히 생각하고 있었습니다.

새 세대가 도래할 때 하나님 나라가 온전하게 임하는 것은 사실입니다. 그때에는 하나님의 나라가 큰 권능과 영광을 동반하고 임합니다. 그때에는 사탄이 완전하게 파멸당합니다. 그러나 예수님께서는 자신에 의해 이미 도래한 하나님 나라는 사람이 기대했던 휘황찬란한 하나님 나라가 아님을 말씀하셨습니다. 구세대는 아직도 이어지고 있지만 하나님 나라는 이 구세대에 이미 침노하였습니다. 그래서 사탄의 세력 아래에 있는 사람들이 하나님의 권세 안에 들어오도록 사람들의 심령에 침노하고 있습니다. 하나님의 구원 임무가 이미 인간의 심령 속에 시작되었습니다. 이것이 바로 하나님 나라의 비밀인 것입니다. 조용히 은밀하게 하나님 나라가 이미 도래하였습니다.

그러나 그 당시 예수님의 제자들을 위시한 유대 사람들은 그런 식으로 하나님 나라가 임하리라고는 꿈에도 생각하지 못했습니다. 그들은 메시아가 오면 그 메시아가 정복하는 왕이 되어 이스라엘을 괴롭히는 나라들을 쳐부술 것으로 생각하거나 하늘로부터 오는 초자연적인 존재로서 능력과 엄청난 영광으로 사악한 자들을 무찌르고 권능으로 이 땅을 다스린다고 믿고 있었습니다(단 7장). 그렇게 해서 이 세대가 끝나고 새 세대가 시작되는 것이라고 믿었던 것입니다.

그들이 그렇게 믿고 있을 때에 예수님께서 유대 땅에 태어나셨습니다. 정복하는 힘센 왕으로도 아니요, 영광스런 하나님의 아들로도 아니요, 겸손과 온유의, 어떻게 보면 나약한 인간의 모습으로 오셨습니다. 예수님께서는 사람들에게 기사와 이적을 베푸시기는 하셨지만 그들이 보기에 예수님은 메시아일 수가 없었습니다. 예수님께서 기적을 베푸셔서 떡 다섯 덩이와 물고기 두 마리로 오천 명을 먹이셨을 때 그들은 예수님을 메시아로 생각하여 그를 강제로 왕으로 삼으려 시도하였습니다(요 6:15).

그러나 예수님께서 오신 목적은 이 세상의 왕이 되시기 위해서가 아닙니다. 그분은 악한 세대를 끝내고 새 세대가 오게끔 하시려고 오셨습니다. 더 정확히 말하자면 이 악한 세대에 새 세대를 침투케 하시려고 오셨습니다. 그분은 죽음으로 그 일을 이루셔야 했습니다. 그렇기 때문에 사람들이 예수님을 억지로 왕으로 삼으려고 하자 예수님께서는 한적한 곳으로 피하셨습니다. 이 사건은 예수님 사역의 전환점이 되는 계기가 되었습니다. 왜냐하면 이 사건 후에 그를 따르던 많은 제자들이 그를 떠나갔기 때문입니다. "이러므로 제자 중에 많이 물러가고 다시 그와 함께 다니지 아니하더라"(요 6:66). 예수님을 떠난 제자들은 예수님이 그들이 찾던 메시아가 아니라고 생각하였기 때문에 떠난 것입니다. 제자들이 자신을 떠나기 바로 전에 예수님께서는 제자들에게 자신은 하늘로서 내려온 산 떡이니 자신의 살을 먹으라고 말씀하셨습니다(요 6:51). 그들은 예수님의 이 말씀을 전혀 이해할 수가 없었습니다. 그러므로 이들은 서로 다투며 "이 사람이 어찌 능히 제 살을 우리에게 주어 먹게 하겠느냐"(요 6:52)라고 의문을 품었던 것입니다. 이들은 이사야 53장에 기록된 오실 메시아에 대한 말씀들을 이해하지 못하고 있었습니다. 그들은 이사야 53장이 장차 메시아가 어떤 모습으로 오실 것인지에 대한 말씀이라는 것을 전혀 모르고 있었습니다. 그들은 막강한 파워를 갖고 오는 왕만을 고대하고 있었습니다. 그렇기 때문에 그들은 오신 메시아이신 예수님께 등을 돌렸던 것입니다. 그들은 메시아가 고난 받는 종의 모습으로 오시리라고는 상상조차 하지 않았던 것입니다.

그러나 그때에 예수님을 떠나지 않았던 제자들도 있었습니다. 예수님을 떠나지 않았던 제자들은 예수님에게서 비록 힘센 왕의 모습은 찾아볼 수 없었음에도 불구하고, 예수님의 인격과 사역을 보고 예수님의 메시아 됨과 그분을 통해 하나님 나라가 실존함을 깨닫기 시작하였습니다. 가이사랴 빌립보라는 동네에서 일어났던 베드로의 예수님에 대한 고백은 이것을 잘 증명하여 줍니다. 그곳에서 예수님께서는 자신의 사역의 중요 시기가 도래하였다는 것을 아시고 제자들에게 사람들이 자신을 누구라고 하느냐고 물어보셨습니다. 이 질문을 받은 베드로는 "주는 그리스도시요 살아계신 하나님의 아들이시니이다"(마 16:16)라고 고백하였습니다. 모든 유대적 상황으로 보건대, 베드로가 이런 고백을 하기에는 적합하지 않았습니다. 그럼에도 불구하고 베드로는 예수님을 메시아로 고백하였습니다. 베드로의 이러한 고백은 그리스도의 구원 목적을 이루는 매우 중요한 고백입니다. 이 고백은 베드로 스스로의 고백이 아니고, 베드로에게 주어진 하나님의 계시임을 17절 말씀을 통하여 우리는 분명히 알 수 있습니다.

제자들이 그들이 따르는 선생이 메시아라는 사실을 알게 되자, 예수님께서는 자신의 사명이 무엇인지를 그들에게 밝히셨습니다. 그분의 사명은 이스라엘의 회복이 아니었습니다. 그분이 이 땅에 오신 목적은 새 백성을 창조하시기 위함입니다. "또 내가 네게 이르노니 너는 베드로라 내가 이 반석 위에 내 교회를 세우리니 음부의 권세가 이기지 못하리라 내가 천국 열쇠를 네게 주리니 네가 땅에서 무엇이든지 매면 하늘에서도 매일 것이요 네가 땅에서 무엇이든지 풀면 하늘에서도 풀리리라"(마 16:18-19).

교회가 세워질 '반석'이 무엇을 뜻하는 것인지에 대한 논란은 이천 년 교회사를 통해 많이 있어 왔습니다. 칼빈은 반석은 그리스도의 메시아 되심과 하나님 되심을 나타내는 베드로의 믿음의 고백이라고 주장하였고, 루터는 반석은 그리스도 자신을 나타낸다고 주장하였습니다. 또한 구교에서는 이 고백이 베드로와 그의 계승자만이 우주적 교회의 지도자임을 내포하는 말이라고 해석하고 있습니다. 베드로의 이 고백은 교회가 세워짐의 기초가 되는 고백인 것만은 분명한 사실입니다. 신약성경에는 베드로나 그가 지정한 사람만이 교회의 공식적인 권위를 가져야 한다는 것에 대한 조금의 힌트도 나와 있지 않습니다. 오히려 에베소서에 보면 "너희는 사도들과 선지자들의 터 위에 세우심을 입은 자라 그리스도 예수께서 친히 모퉁이 돌이 되셨느니라"(엡 2:20)고 기록되어 있습니다. 이 말씀은 예수님께서 사도들과 선지자들의 터 위에 교회를 세운다는 말씀입니다. 그러므로 다른 사람들이나 다른 제자들이 아닌, 사도들의 팀장 격인 베드로에게 이러한 계시적 고백이 하나님으로부터 주어진 것은 어찌 보면 당연하다고도 할 수 있겠습니다.

여기서 중요한 것은 주님께서는 자신의 교회를 세우시고자 한다는 사실입니다. 헬라어로 쓰여진 구약성경을 찾아보면 이스라엘을 하나님의 백성으로 지칭할 때에 '에클레시아'(ekklesia)라는 단어를 사용하였습니다. 예수님께서는 베드로의 "주는 그리스도시요 살아계신 하나님의 아들이시니이다"(마 16:16)라는 고백을 들은 후 "너는 베드로라 내가 이 반석 위에 내 교회를 세우리니"(마 16:18)라고 말씀하셨는데 여기서 '교회'가 바로 에클레시아입니다. 즉 예수님께서는 하나님의 백성인 에클레시아를 세우시겠다고 하신 것입니다. 우리는 예수님의 이 말씀을 하나님 나라를 거절하는 이스라엘 대신에 예수님을 메시아로 받아들이는 모든 사람들에게 새 에클레시아를 세우시겠다는 약속으로 받아들여야 합니다. 예수님의 이러한 약속은 승천 후 첫 오순절 날 성령님이 예수님을 따르는 모든 사람들에게 강림한 결과 교회가 탄생되기 시작함으로써 이루어지기 시작하였습니다 (고전 12:13).

그러면 이제 교회와 하나님의 나라가 어떠한 관계에 있는가를 살펴봅시다. 예수님께서는 사도들의 대표자인 베드로에게 천국의 열쇠를 주시겠다고 약속하셨습니다. 우리가 살펴본 바에 의하면 하나님의 나라는 첫째, 사람들 속에 역사하는 하나님의 통치이며, 둘째, 사람이 들어감으로 말미암아 하나님의 통치를 경험할 수 있는 영역입니다. 예수님이 베드로에게 천국 열쇠를 주겠다고 말씀하셨는데 여기서 천국이란 하나님의 통치가 온전히 이루어지고 있는 올 세대를 지칭합니다. 여기서 천국 열쇠는 올 세대의 축복의 문을 열고 닫을 수 있는 능력을 뜻합니다. 이 능력이 그 당시 장차 세워질 교회의 사도들에게 주어진 것입니다. 그러므로 베드로의 고백 후부터 하나님 나라는 더 이상 이스라엘을 통하여 일하지 않습니다. 즉 베드로의 고백 후부터 하나님 나라는 교회를 통해 일합니다.

예수님께서 율법사들에게 다음과 같이 말씀하시며 꾸짖으신 적이 있으십니다. "화 있을찐저 너희 율법사여 너희가 지식의 열쇠를 가져가고 너희도 들어가지 않고 또 들어가고자 하는 자도 막았느니라"(눅 11:52). 이 구절에서 우리는 교회와 하나님 나라의 관계에 대한 힌트를 얻을 수 있습니다. 하나님 나라의 문을 열 수 있는 지식의 열쇠를 하나님께서는 이스라엘의 지도자들에게 맡기셨습니다. 이 지식의 열쇠는 이스라엘 백성들이 하나님 나라의 임함과 구약에 약속된 축복들을 경험하여 구약을 정확히 이해할 수 있도록 하나님께서 이스라엘 백성들에게 맡겼던 지식의 열쇠입니다. 그러므로 사도 바울은 이스라엘이 이방 민족들보다 나은 것은 그들이 하나님 말씀을 맡았기 때문이라고 말한 바 있습니다(롬 3:2). 그러나 이스라엘의 율법사들은 그 지식의 열쇠를 전혀 사용하지 않았습니다. 그들은 성경을 잘못 해석하여 선지자들에 의해 오실 것이라 기록된 그리스도가 오셨을 때, 그분을 메시아로 받아들이지 않았습니다. 그래서 그들 자신이 메시아가 가지고 오신 하나님 나라에 들어가지 않았을 뿐 아니라 들어가려고 하는 사람까지도 막는 결과를 초래하였던 것입니다.

또한 이에 연관하여 예수님께서 종교 지도자들에게 심지어는 "세리들과 창기들이 너희보다 먼저 하나님의 나라에 들어가리라"(마 21:31)라고 말씀하시기도 하셨습니다. 이 말은 세리와 창기들이 하나님 나라에 실제로 들어갔다는 말이 아니라 그들이 하나님 나라에 들어가는 것을 막는 이스라엘의 종교 지도자들보다 하나님 나라에 더 가까이 서 있다는 말입니다.

그래서 그들이 하나님 나라의 문을 열 수 있는 지식의 열쇠를 잘못 사용한 결과, 이 지식의 열쇠가 이스라엘에서부터 사도들과 교회로 옮겨 간 것입니다. 이 사실은 예수님께서 말씀하셨던 악한 소작인의 비유에서 더 확실히 드러납니다(마 21:33-42). 하나님께서는 자신의 포도원을 이스라엘에게 맡기셨습니다. 하나님께서는 시시때때로 여러 선지자들을 이스라엘에 보내셔서 포도원 수확분에 대한 계산을 하고자 여러 번 시도하셨습니다. 그러나 악한 농부들은 종들을 잡아 하나는 심히 때리고 하나는 죽이고 하나는 돌로 쳤습니다. 하나님께서는 마지막으로 자신의 아들을 보내시면서 저희가 내 아들만은 받아들일 것이라고 생각하셨습니다. 그러나 이번에도 농부들은 그 아들을 보자 "이는 상속자니 자 죽이고 그의 유업을 차지하자"라고 말하면서 그 아들을 잡아 포도원 밖으로 내쫓아 죽였습니다(마 21:38-39). 예수님께서는 이 말씀을 하신 끝에 "그러므로 내가 너희에게 이르노니 하나님의 나라를 너희는 빼앗기고 그 나라의 열매 맺는 백성이 받으리라"(마 21:43)라고 말씀하심으로써 이스라엘이 받기를 거절한 하나님의 나라가 이방 나라들의 백성에게로 옮겨 갔음을 분명히 하셨습니다.

이제 예수님의 이 말씀으로 모든 것이 명백해졌습니다. 오신 예수님을 메시아로 받아들이지 않음으로 말미암아 하나님의 인류 구속 역사에서 하나님 나라를 받는 축복의 통로는 이스라엘에서부터 이방 나라로 옮겨 갔습니다. 하나님 나라와 하나님 나라를 갖고 오신 메시아를 거부함으로써 새롭게 그리고 조용히 임한 하나님 나라를 맛보는 축복은 이스라엘로부터 이 세상 모든 사람들에게 확대된 것입니다. 이제는 모든 사람들에게 개인적으로 하나님 나라가 주어집니다. 이를 받아들이는 사람은 하나님 나라의 새 백성이 됩니다.

하나님의 새 백성이 바로 교회입니다. 이 반석 위에 나의 교회를 세우겠다고 예수님께서 말씀하셨던 교회는 바로 하나님의 새로운 백성들을 지칭합니다. 그러기에 베드로는 이 새로운 하나님의 사람들에 대해 "오직 너희는 택하신 족속이요 왕 같은 제사장들이요 거룩한 나라요 그의 소유된 백성"(벧전 2:9)이라고 하였던 것입니다. 하나님 나라는 이제 아브라함 후손들에게 속하지 아니합니다. 그 대신 '택하신 족속'인 모든 믿는 자들에게 속합니다. 예수님을 구주로 받아들이는 믿음의 사람은 누구든지 아브라함의 자녀가 됩니다(갈 3:7). 이제는 이스라엘의 제사장 직분은 의미가 없습니다. 이는 하나님께서 그의 교회를 구성하는 모든 사람들을 '나라와 제사장' 들로 삼으셨기 때문입니다(계 1:6). 이제 하나님은 육신을 따라 형성된 이스라엘이 아닌 성령으로 형성된 거룩한 나라인 교회와 관계를 맺으십니다. 하나님의 아들 예수 그리스도에 대한 믿음의 고백 위에 세워진 것이 교회입니다.

그럼 이제는 하나님 나라와 교회가 어떠한 관계가 있는지를 살펴보겠습니다. 그러기 위해서 우선 하나님 나라가 무엇인지 다시 말해 보겠습니다. 하나님의 나라는 첫째, 그리스도에 의해 통치되는 나라이며, 다음으로 하나님의 축복을 경험하기 위해 들어갈 수 있는 영역입니다. 이것에 대해서는 이미 충분히 살펴보았습니다. 하나님의 인류 구원 계획에 따라 사탄을 패배시키고 사람들을 사탄의 지배하에서 놓임 받게 하기 위해서 하나님 나라는 인간에게 이미 찾아왔습니다(마 12:28). 하나님 나라는 현재에 이미 도래하였기에 들어가기만 하면 그 축복을 바로 맛볼 수 있습니다. 율법과 선지자의 시대는 이미 세례 요한의 때에 종료되었습니다. 그 후부터는 하나님 나라가 사람들에게 전파되어 하나님 나라를 받아들이는 사람은 하나님 나라에 침노해 들어가는 격이 됩니다(눅 16:16). 하나님 나라의 좋은 소식, 곧 복음을 받아들이는 사람은 누구든지 흑암의 지배에서부터 놓임 받아(고후 4:4) 사랑하는 아들의 나라로 옮겨지게 됩니다(골 1:13).

하나님 나라는 그리스도의 나라이기도 합니다(엡 3:5). 하나님의 구속적인 통치를 받아들이는 사람에게 주어지는 하나님 나라는 그리스도라는 분을 통하여 인간의 심령에 이루어지는 나라입니다. 그리스도께서 자신의 모든 원수를 발아래 둘 때까지는 그리스도께서 불가불 왕 노릇하십니다(고전 15:25). 굳이 하나님 나라와 그리스도의 나라를 구분한다면, 그리스도의 나라는 그리스도께서 육신으로 이 세상에 오셨을 때부터 자신의 통치를 아버지이신 하나님께 내어 드리기 바로 전까지의 천년왕국을 포함한 기간을 지칭한다고 말할 수 있습니다(고전 15:24).

하나님 나라는 우리의 심령 속에 이루어집니다. 심령 속에 하나님 나라가 세워진 사람들에 의해 교회가 세워지며 하나님 나라를 받아들인 사람 자체가 또한 교회입니다. 교회를 통하여 하나님 나라는 이 세상에서 확장됩니다. 주님의 제자들은 팔레스타인 지역의 각 동네들을 돌아다니면서 하나님 나라가 그 동네에 가까이 왔다고 외치면서 선교 사역을 담당하였습니다(눅 10:9). 또한 하나님 나라가 도래하였음을 알리면서 병든 자를 고치고 귀신 들린 사람들로부터 귀신들을 쫓아냄으로 도래한 하나님 나라가 실제임을 보여 주었습니다(9, 17절). 그들이 전한 하나님 나라 선포를 받아들이지 않은 동네는 하나님의 진노를 자청한 것과 같았습니다. 우리가 여기서 짚고 넘어가야 할 사실은 예수님에 의해서만 하나님 나라가 확장되는 것이 아니고 그의 제자들을 통해서도 하나님 나라가 확장된다는 사실입니다.

이와 마찬가지로 하나님 나라는 교회를 통하여 오늘날 전 세계에 확장되고 있습니다. 교회는 하나님 나라의 생명을 받아들였기에 이 세상에 하나님 나라의 복음을 전하는 사명을 수행하기로 헌신한 예수님의 제자들이 모여서 교제하는 곳입니다. 빌립은 사마리아에 가서 그곳 사람들에게 전도하였습니다. "하나님 나라와 및 예수 그리스도의 이름에 관하여 전도함을 저희가 믿고 남녀가 다 세례를 받으니"(행 8:12). 바울도 로마에 가서 그곳에 사는 유대인과 이방인들에게 하나님 나라를 전하였습니다 (행 28:23, 31).

그 당시 바울을 위시한 여러 사람들이 로마를 통하여 하나님 나라를 전 세계에 전하려고 시도하였던 것과 마찬가지로 오늘날에도 예수님을 따르고자 하는 그분의 수많은 제자들이 세계 각처로 흩어져서 하나님의 복음을 전하고 있습니다. 옛날이나 지금이나 똑같이 이렇게 하나님 나라가 선포되면 보통 두 가지 일이 일어납니다. 어떤 사람들은 놓임을 받는가 하면 또 어떤 사람들은 묶임을 받습니다. 놓임을 받는 사람들은 예수님을 구주로 받아들이는 사람들입니다. 이들은 믿을 때에 흑암의 세력으로부터 놓임을 받아 하나님 아들의 나라로 옮겨지게 됩니다 (골 1:13). 이 말은 이들이 하나님 나라에 들어간다는 말이고 그 결과 하나님 나라의 축복을 경험한다는 말입니다. 이들이 하나님 나라에 들어갔다는 사실은 예수님의 재림으로 재확인될 것입니다.

반면 묶인 사람들은 복음을 듣고도 받아들이지 않는 사람들입니다. 그들에겐 지금부터 영원까지 하나님 나라에 들어가는 문이 닫혀 있습니다. 그리스도께서는 그의 제자들로 구성된 교회에 하나님 나라의 열쇠들을 주셨습니다. 따라서 그들이 하나님 나라의 복음을 전할 때 제자들이 이 땅에서 묶는 것은 하늘나라에서도 묶이게 되고, 그들이 이 땅에서 푸는 것은 하늘나라에서도 풀리게 됩니다. 제자들이 푸는 것은 죄의 사슬에 묶인 사람들의 사슬을 푸는 것입니다. 한마디로 말한다면 주님의 제자들이 바로 교회이고 이 교회가 하나님 나라의 열쇠를 가졌기 때문에 묶고 푸는 기능을 감당할 수가 있습니다. 그러나 좀 더 깊이 생각하면 하나님 나라가 교회를 통하여 일함으로 묶고 푸는 일을 한다고 생각하는 것이 더욱 타당합니다. 하나님 나라는 사람을 통하지 않고는 일하지 않습니다. 그리스도를 믿어 그 심령 속에 하나님의 통치가 이루어진 사람들에게 하나님의 나라가 맡겨지고 이들을 통해 하나님 나라가 이 땅에 더욱더 침투되어 확장되는 것입니다. 그러므로 하나님의 일이 교회에 의해 이루어집니다. 그러나 교회는 하나님 나라 확장에 있어서 사무적이라고 하기보다는 오히려 역동적인 기능을 담당합니다.

신약성경에서 하나님 나라와 교회를 동일시하는 것을 암시하는 것 같은 구절이 몇 군데 있긴 합니다만 확증할 수 있는 증거가 빈약합니다. 가령 요한계시록 5장에 보면 "(예수님께서) 일찍 죽임을 당하사 각 족속과 방언과 백성과 나라 가운데서 사람들을 피로 사서 하나님께 드리시고 저희로 우리 하나님 앞에서 나라와 제사장을 삼으셨으니 저희가 땅에서 왕노릇하리로다"(계 5:9-10)라는 표현이 나옵니다. 이 표현은 이십사 장로들이 그리스도에게 바치는 찬양의 일부분입니다. 여기서 '저희'를 구원받은 사람들의 교회로 보는 것이 타당합니다. 이십사 장로들은 이 찬양에서 구원받은 사람들인 '저희'를 '나라'로 삼으셨다고 말함으로써 '저희'와 '나라'를 동일시하고 있습니다. 즉 교회와 나라를 동일시하고 있다는 말입니다. 여기서 '나라'는 어떤 한 나라(a kingdom)를 지칭하고 있지만 이 '나라'가 하나님 나라는 아닙니다. 이 구절에서 '나라'가 만일 하나님의 나라라면 그 나라는 구원받은 사람들이 이 땅을 통치할 동안만의 하나님 나라입니다. 그러나 교회의 구성원들이 설사 이 땅을 통치하더라도 여전히 그들은 예수 그리스도의 통치를 받는 그리스도의 백성들입니다. 그렇기 때문에 엄격히 말한다면 구원받은 사람들은 교회는 될 수 있어도 하나님 나라는 될 수 없습니다.

요한계시록 1장 6절도 마찬가지입니다. "그 아버지 하나님을 위하여 우리를 나라와 제사장으로 삼으신 그에게 영광과 능력이 세세토록 있기를 원하노라 아멘." 이 구절에서도 '우리'로 표시되고 있는 믿는 사람들의 연합인 교회를 '나라'와 동일시하는 듯합니다. 그러나 여기서 나라는 하나님 나라(The Kingdom)가 아닌 어떤 한 나라(a kingdom)입니다.

그러므로 교회는 하나님 나라가 아닙니다. 하나님 나라가 교회를 창조(create)합니다. 또한 하나님 나라가 교회를 통해서 세상에서 일합니다. 그러나 교회가 하나님 나라는 아닙니다. 그러므로 사람이 하나님 나라를 세우는 것이 아닙니다. 사람은 단지 하나님 나라를 선포합니다. 또한 사람은 하나님 나라를 받아들이거나 거절할 수 있습니다. 구약 시대에는 하나님 나라가 이스라엘에 나타났습니다. 신약 시대에는 하나님 나라가 교회를 통하여 이 세상에서 일하고 있습니다.

구약 시대의 이스라엘을 통해 존재했던 하나님의 백성과 신약 시대의 교회를 통해 존재하는 하나님의 백성은 둘 다 똑같은 하나님의 백성입니다. 이 말은 구약 시대에 하나님을 믿던 사람들이 신약 시대의 교회에 속한다는 말이 아닙니다. 또한 교회의 개념을 구약 시대에까지 확장시켜야 된다는 말도 아닙니다. 사도행전 7장 38절을 보면 "시내산에서 말하던 그 천사와 및 우리 조상들과 함께 광야 교회에 있었고"라는 표현이 있긴 합니다. 그러나 이 구절을 근거로 구약 시대에도 교회가 있었다고 말해선 안 됩니다. 이 구절의 '광야 교회' 라는 말은 단지 모세가 애굽에서 데리고 나와 광야에 머무르고 있는 무리의 집합(congregation)을 뜻할 뿐입니다. 예수 그리스도의 부활 후 성령이 마가의 다락방에 있던 사람들에게 임하던 날이 마침 유대 민족의 명절인 오순절이었습니다. 이 오순절 날 성령이 마가의 다락방에 있던 사람들에게 임함으로 교회가 탄생되었습니다. 그러므로 그 오순절 날이 바로 교회가 태어난 날입니다. 교회는 성령으로 세례를 받아 한 몸을 이룬 모든 사람들로 구성되어 있습니다(고전 12:13). 이렇듯 성령 세례는 오순절 날 시작되었습니다.

이제는 이스라엘과 교회와의 관계에 대하여 알아봅시다. 이스라엘과 교회는 둘 다 하나님의 백성(one people of God)입니다. 로마서 11장에 보면 사도 바울은 참감람나무에 대해 말하고 있습니다. 여기서 참감람나무는 하나님의 백성을 뜻합니다. 구약시대엔 이 나무의 가지가 이스라엘 사람들이었습니다. 그러나 그들의 불신앙 때문에 가지가 꺾여져 나무에서 떨어져 나와 버렸습니다(17절). 그러나 5절의 "은혜로 택하심을 따라 남은 자가 있느니라"라는 말씀을 근거로 참감람나무의 가지 몇은 꺾이지 않고 남아 있음을 알 수 있습니다. 이 꺾이지 않은 가지는 유대인으로서 하나님 나라의 복음을 받아들여 예수님을 믿은 사람을 지칭합니다. 여기서 우리는 초대 교회의 구성원은 대부분 유대인이었다는 사실을 상기할 필요가 있습니다. 그러나 그들이 교회에 온 것은 그들이 유대인이었기 때문이 아니고 그들이 하나님 나라의 복음을 받아들여 예수님을 구세주로 믿었기 때문입니다.

원래의 참감람나무 가지가 잘려 나간 자리에 야생종인 돌감람나무의 가지가 접붙임을 당했습니다(17, 24절). 돌감람나무 가지는 하나님 나라의 복음을 받아들인 이방 나라 사람을 가리킵니다. 참감람나무 가지가 잘려 나간 이유는 이스라엘 사람들의 불신앙 때문이고 돌감람나무 가지가 참감람나무에 접붙여진 이유는 이방 사람들의 믿음 때문입니다. 구약 시대의 사람들은 이러한 일이 일어나리라고는 생각지 못했습니다. 구약 시대의 이스라엘 사람들은 자신들의 대다수가 하나님의 백성에서 제외되고 이방 사람들이 하나님의 백성이 되리라고는 꿈에도 생각지 못했습니다. 이것이 바로 교회의 비밀 중 하나입니다. 이 비밀이 구약 시대에는 밝혀지지 않았습니다. 이 비밀이 바로 교회에 관한 비밀입니다(엡 3:3).

구약 시대의 참감람나무로 비유되고 있는 하나님의 백성들은 이스라엘의 자손들로 구성됩니다. 만일 이방인들이 하나님의 백성이 받는 축복을 받으려면 이스라엘 가정의 종이라도 되어 그들이 받는 할례를 받아야 하였습니다. 그러나 이제 신약 시대가 되자 이방인들은 그런 번거로운 과정 없이도 하나님의 백성이 될 수 있게 되었습니다. 그 이유는 하나님 나라의 복음을 받아들이지 않는 이스라엘 백성이 떨어져 나간 감람나무에 이방인들이 접붙여졌기 때문입니다. 여기서 중요한 사실은 하나님의 백성이라는 감람나무는 단 한 그루라는 것입니다. 처음 가지들은 거의 전부가 이스라엘 사람이었으나 이제는 그 가지 대부분이 이방 사람과 소수의 이스라엘 사람들로 이루어졌습니다.

그러나 하나님의 구원 계획은 여기서 끝나지 아니합니다. 이에 대해 사도 바울은 일단 꺾여져 나온 가지인 예수님을 믿지 아니하는 사람들에 대해 다음과 같이 말하고 있습니다. 믿지 아니하는 이스라엘 사람도 돌이켜 믿으면 다시 "접붙임을 얻으리니 이는 저희를 접붙이실 능력이 하나님께 있음이라 … 형제들아 너희가 스스로 지혜 있다 함을 면키 위하여 이 비밀을 너희가 모르기를 내가 원치 아니하노니 이 비밀은 이방인의 충만한 수가 들어오기까지 이스라엘의 더러는 완악하게 된 것이라 그리하여 온 이스라엘이 구원을 얻으리라"(롬 11:23, 25-26). 이 구절에서 감람나무의 마지막 형태는 접붙여진 이방인들이 대부분 차지하는 것이 아님을 알 수 있습니다. 마지막에는 온 이스라엘이 하나님 나라의 복음을 받아들여 다시 원래의 감람나무에 접붙여지게 됩니다. 이것이 또 하나의 '비밀' 입니다. 이 '또 하나의 비밀' 은 구약 시대의 선지자들에게는 계시되지 않았고 신약 시대의 사도들에게는 밝혀진 비밀입니다. 이스라엘 백성들이 하나님의 백성 되기를 거절함은 어느 일정 기간 동안만입니다. 이방인들의 일정 수가 찰 때까지만입니다. 하나님께서는 이스라엘이 하나님 나라의 복음을 거절하자 하나님의 백성을 만드시기 위해 이방 백성들을 선하게 이용하셨습니다. 참감람나무에 돌감람나무 가지들을 충분한 숫자만큼 접붙이는 일이 끝날 때쯤 버려졌던 참감람나무 가지들이 원래 그들이 붙어 있었던 참감람나무에 다시 접붙여지는 일들이 일어날 것입니다. 그때가 되면 이스라엘 사람들은 얼굴을 가리고 있던 수건이 벗겨져 복음을 깨닫게 되고 다시 하나님 나라의 백성이 될 것입니다(고후 3:16). "그리하여 온 이스라엘이 구원을" 얻게 될 것입니다(롬 11:26).

위 구절(롬 11:26)에서 '온 이스라엘' 이라는 단어를 교회라는 단어와 동격으로 놓을 수 있을까요? 교회가 온 이스라엘일까요? 문맥상 그럴 수 없는 것처럼 보입니다. 그러나 다음 성경 구절은 온 이스라엘이 교회와 동격임을 분명히 해 주고 있습니다. 갈라디아서 3장 7절은 "믿음으로 말미암은 자들은 아브라함의 아들인줄 알찌어다"라고 기록하고 있습니다. 교회, 하나님의 복음을 받아들인 믿음으로 말미암은 사람들은 아브라함의 자손입니다. 다음 두 구절도 마찬가지입니다. "대저 표면적 유대인이 유대인이 아니요 표면적 육신의 할례가 할례가 아니라"(롬 2:28). "그러므로 후사가 되는 이것이 은혜에 속하기 위하여 믿음으로 되나니 이는 그 약속을 그 모든 후손에게 굳게 하려 하심이라 율법에 속한 자에게 뿐아니라 아브라함의 믿음에 속한 자에게도니 아브라함은 하나님 앞에서 우리 모든 사람의 조상이라"(롬 4:16). 위의 구절들은 모두 신약 시대의 믿는 자도 아브라함의 후손이며 하나님의 백성인 것을 말해 주고 있습니다. 그러기에 교회가 이스라엘이라고 말할 수 있습니다. 또 한편 하나님께서 이스라엘 백성을 아주 버린 것이 아니기 때문에 언젠가는 모든 이스라엘 사람들이 구원받게 됩니다. 그러므로 온 이스라엘이 예수님을 믿게 되면 온 이스라엘이 교회가 되는 것이 아니고 무엇이겠습니까? 그러므로 또한 '온 이스라엘'이 결국은 '교회'가 될 것입니다.

다음 구절들을 살펴보면 예수님께서도 이스라엘이 결국은 구원받게 될 것이라는 것을 암시하셨음을 알 수 있습니다. 예수님께서는 예루살렘을 쳐다보고 눈물을 흘리시면서 다음과 같이 말씀하셨습니다. "예루살렘아 예루살렘아 선지자들을 죽이고 네게 파송된 자들을 돌로 치는 자여 암탉이 그 새끼를 날개 아래 모음 같이 내가 네 자녀를 모으려 한 일이 몇번이냐 그러나 너희가 원치 아니하였도다 보라 너희 집이 황폐하여 버린바 되리라 내가 너희에게 이르노니 이제부터 너희는 찬송하리로다 주의 이름으로 오시는 이여 할 때까지 나를 보지 못하리라 하시니라"(마 23:37-39). 여기서 예루살렘은 예수님께서 오시기 전에 하나님으로부터 보내진 많은 선지자들을 거절하였던 이스라엘을 상징하고 있습니다. 예수님께서 오셔서 이스라엘을 구원하시려고 하나님 나라의 복음을 외쳤건만 이들은 하나님의 아들인 예수님마저 거절하였습니다. 그렇기 때문에 기원후 70년에 예루살렘 성전은 로마 군인들에게 짓밟혀 황폐하게 되었습니다. 그러나 "주의 이름으로 오시는 이여 할 때"가 있는데 그때가 바로 그들이 구원을 받게 될 때입니다. 앞으로 이스라엘은 구원받을 것입니다.

누가복음 21장에서도 예수님께서는 이스라엘의 멸망과 구원에 관해 비슷한 말씀을 하셨습니다. "저희가 칼날에 죽임을 당하며 모든 이방에 사로잡혀 가겠고 예루살렘은 이방인의 때가 차기까지 이방인들에게 밟히리라"(눅 21:24). 이방인의 때가 찬다는 말은 이방 사람들이 어느 정도 구원받을 때까지라는 말이며 그때까지는 이스라엘의 복음 거절에 대한 대가로서 이스라엘의 멸망이 지속될 것이란 말입니다. 또한 이 구절에는 이방인의 때가 차게 되면 이스라엘이 다시 구원받게 될 것이라는 사실이 암시되어 있습니다. 결국은 모든 이스라엘이 구원받게 됩니다.

어떻게 해서 결국 온 이스라엘이 구원받게 되는가 하는 것을 밝히는 것은 이 책의 목적이 아닐 뿐 아니라 밝힌다 해도 매우 어려운 작업입니다. 왜냐하면 성경 자체도 그에 대해 시원스럽게 말해 주지 않기 때문입니다. 그러나 한 가지 중요한 사실이 있습니다. 그것은 이스라엘의 구원이 하나님의 구원 계획의 일환이라는 사실입니다. 성령님의 역사로 인해 교회가 생기게 되고 또한 하나님께서 장차 이스라엘을 방문하심으로 다시 원래의 참감람나무에 접붙여지게 되는 일이 일어납니다. 감람나무는 두 그루가 아니라 한 그루임을 기억하십시오. 교회는 하나요, 하나님의 나라도 하나요, 하나님의 구원 계획도 하나입니다. 하나님께서는 이스라엘의 구원 계획과 이방인 구원 계획, 이렇게 두 개의 구원 계획을 갖고 계신 것이 아닙니다. 이방인과 이스라엘 모두가 한 하나님 백성과 한 교회에 속하게 하시는 하나의 구원 계획 속에 들어 있습니다. 그리스도께서 구원 계획의 마지막에 사탄을 자신의 발아래에 둘 때가 되면(고전 15:25) 온 이스라엘이 구원받게 됩니다. 지금은 하나님의 백성인 교회의 구성원 대부분이 이방인들이지만 이제 얼마 후에 이 하나님 나라의 백성 속에 이스라엘이 포함될 것입니다(롬 11:12). 하나님 나라도 하나요, 그 백성도 또한 하나님의 한 백성입니다.

하나님 나라와 교회 그리고 이스라엘과의 상관관계를 연구하시는 분들 가운데는 우리 같은 이방인들이 하나님의 백성이 된 하나님 나라에 장차 이스라엘 사람들도 들어가게 된다는 사실을 빼놓고 연구하는 경우가 많습니다. 하나님 나라는 예수님을 믿는 사람들을 통하여 세상에서 일하고 있습니다. 하나님 나라가 침투하게 되면 믿는 자들이 생기게 되고, 이 믿는 자들이 하나님의 백성이 되고, 하나님의 백성들이 곧 교회가 되는 것입니다. 그러므로 하나님 나라는 하나님의 백성인 교회를 만듭니다.

그리스도께서 사람들을 흑암의 사슬에서 풀어 주심으로 하나님 나라가 사탄의 나라를 공격하기 시작하였습니다. 하나님 나라는 이 세대에서 사탄의 나라와 영적인 전쟁 중에 있습니다. 교회는 이 영적 전쟁을 수행하는 곳입니다. 교회는 사탄과 영적 전쟁을 치르는 전쟁의 전초기지입니다. 그러므로 교회 생활의 필수 불가결한 요소가 마귀와의 싸움입니다. 하나님의 백성 된 우리는 연합하여 완전한 하나님 나라인 올 세대가 도래할 때까지 마귀와의 영적 전쟁을 수행하여야 합니다. 신약 시대부터 하나님 나라의 복음이 전파됨으로써 인간 세상에 새로운 공동체가 생겼는데 이 새로운 공동체가 바로 교회입니다. 이 교회를 통해 하나님 나라는 마귀와 전쟁 중에 있습니다.

하나님 나라의 자녀인 우리들은 이 세상의 빛과 소금입니다(마 5:13-16). 우리가 빛을 잃고 소금으로서의 맛을 잃는다면 이 세상은 어두움으로 다시 뒤덮일 것이요, 또한 썩어 버릴 것입니다. 하나님의 자녀로서 우리는 하나님이 주신 천국의 열쇠를 갖고 이 세상 모든 사람들을 풀어 하나님 나라의 백성이 되게 하고 또한 이 세상의 귀신들을 묶는 영적 전쟁을 감당하여야 합니다. 영적 전쟁이 없는 복음 전파는 효과적이지 못합니다. 먼저 마귀를 묶고 복음을 전할 때 상대방이 복음을 잘 받아들이는 것을 우리는 경험을 통해 잘 알고 있습니다. 영적 전쟁을 수행하지 아니하는 교회는 한쪽 눈을 잃은 사람과 같다고 할 수 있습니다. 한쪽 눈만으로는 싸우기가 쉽지 않습니다. 믿는 우리는 하나님 나라와 사탄의 나라가 만나는 바로 그곳에 서 있다고 할 수 있습니다. 교회가 하기에 따라 하나님 나라가 커지기도 하고 사탄의 나라가 커지기도 합니다. 사탄은 인간의 행동을 모순되게 하고 인간관계를 파괴시킴으로써 하나님의 백성들이 영적 전쟁을 포기하도록 유도합니다. 그러므로 우리는 이를 간파하고 고삐를 늦추지 말고 새 세대가 오는 그날까지 예수님이 모범을 보여 주셨던 영적 전쟁을 당연히 수행하여야 합니다. 교회가 그 일에 앞장서야 합니다.

하나님 나라는 언제 오는가?

이 책의 마지막 장인 본 장에서는 예수님의 가르침 중 한 구절을 유심히 보아야 할 필요가 있습니다. 어느 면에서 본다면 이 구절이 함축하고 있는 의미는 이때까지 인용한 어느 성경 구절보다 귀중합니다. 하나님 나라에 대한 대주제를 마치는 지금 이 구절이 주는 의미를 상고해 보는 것은 매우 시기적절합니다.

하나님 나라는 사람들이 자신의 심령과 삶을 하나님께서 지배하시도록 허락함으로 축복을 만끽하도록 하며, 사탄을 패배케 하는 하나님의 통치임을 우리는 잘 알고 있습니다. 우리는 또한 하나님의 통치는 세 단계를 거쳐 이루어진다는 것을 배웠습니다. 그 첫 단계의 하나님 나라는 예수님께서 이 땅에서 공생애를 시작하심으로 시작된 하나님 나라입니다. 두 번째 단계는 천년왕국의 처음에 시작되는 하나님 나라입니다. 이 두 번째 단계에서 사탄은 무저갱에 갇히게 됩니다. 그렇지만 이 천년왕국 기간에도 사망이 불 못에 던져지지 않아 죄와 사망은 여전히 존재합니다. 마지막 세 번째 단계는 사탄의 나라가 완전 파멸당하는 승리의 단계로서 천년왕국이 끝나는 때이며, 이때에 사탄과 죽음과 죄가 완전히 파괴되고 이때부터 하나님 나라가 온전히 이루어지게 됩니다.

완전한 하나님 나라인 올 세대가 시작되기 전에, 또한 천년왕국이 시작되기 전에 이미 하나님 나라는 이 땅의 악한 세대에 침투하여 그리스도인들의 심령 속에 자리 잡고 있습니다. 그래서 그리스도인들은 지금 이 땅에 살면서 하나님 나라의 능력과 생명을 경험할 수 있는 것입니다. 하나님 나라의 복음을 받아들여 하나님 나라의 축복을 경험한 사람들은 다음과 같은 질문을 하기 마련입니다: 하나님 나라의 세 번째 단계는 언제 시작되는 것인가? 완전한 하나님 나라가 도래할 때까지 구원받은 나는 어떻게 지내야 하는가? 가만히 앉아서 하나님 나라의 축복을 즐기기만 하면 되는 것인가? 그에 대한 대답은 올 세대가 도래할 것을 사모하긴 해야 하지만 그냥 수동적으로 기다리기만 해서는 안 된다는 것입니다. 그러므로 우리는 온전한 하나님 나라의 도래를 기다리면서 예수님께서 말씀하신 마태복음 24장 14절 말씀을 가슴속 깊이 새겨 넣어야 합니다. "이 천국 복음이 모든 민족에게 증거되기 위하여 온 세상에 전파되리니 그제야 끝이 오리라."

이 구절이 바로 이 장의 주제인 언제 하나님 나라가 임하는가에 대한 핵심 말씀입니다. 이 구절은 또한 언제 그리스도께서 영광과 권능으로 재림하시는가 하는 질문에 대한 답을 주는 구절이기도 합니다. 많은 사람들이 예수님께서 언제 재림하는지에 대해 알고 싶어 하면서 다음과 같은 질문을 스스로에게 던집니다: "예수님께서는 머지않아 오실까, 아니면 내가 죽고 난 다음에 오실까?" 요한계시록을 연구하는 수많은 신학자들은 신문과 성경을 번갈아 보아 가며 성경에서 말한 마지막 때의 징조들과 지금 세계에서 일어나고 있는 일들이 일치하는지를 알고 싶어 합니다. 예수님께서는 마태복음 24장 14절 말씀으로 이러한 종말에 관한 호기심에 대한 해답을 주셨습니다. 성경의 그 어떤 구절도 이 구절처럼 간단명료하게 하나님 나라의 도래 시기에 대해 명확한 해답을 주는 구절은 없습니다.

마태복음 24장은 예수님께서 예루살렘의 성전이 철저히 파괴될 것을 말씀하시는 장면부터 시작되고 있습니다. 앞으로 예루살렘 성전이 파괴될 것이라는 예수님의 예언에 대해 제자들은 예수님에게 "우리에게 이르소서 어느 때에 이런 일이 있겠사오며 또 주의 임하심과 세상 끝에는 무슨 징조가 있사오리이까"(마 24:3)라고 질문하였습니다. 제자들은 주의 임하심과 이 세대의 종말이 동시에 일어난다고 생각하고 위와 같은 질문을 던졌던 것입니다. 제자들의 질문을 쉽게 다시 풀어 쓴다면 다음과 같습니다: "예수님, 언제 이 세대가 끝납니까? 언제 당신께서 다시 오시며, 하나님 나라가 도래합니까?"

이 질문에 대해 예수님께서는 자세한 대답을 해 주셨습니다. 예수님께서는 이 세대가 어떤 경로를 통해서 종말에 이르는지를 설명하신 것입니다. 또한 이 악한 세대는 예수님이 다시 오실 때까지 지속될 것이라고 알려 주셨습니다. 그리고 주님께서는 이 세대는 복음과 하나님의 백성을 끝까지 대적할 것이라고 가르쳐 주셨습니다. 예수님은 예수님의 재림이 가까이 오면 올수록 악이 번창하게 되고 속이는 자들이 늘어나서 사람들을 그리스도로부터 멀리 떨어지도록 할 것이며, 자칭 메시아라고 하는 사람들이 나타나서 사람들을 실족케 할 것이며, 전쟁과 전쟁이 꼬리를 물고 일어나며, 지진과 기근이 많아질 것이라고 말씀하셨습니다. 또한 교회가 심한 핍박을 받음으로써 순교자가 많이 나올 것이고, 믿는 자들이 믿지 않는 자들의 증오의 대상이 되며, 사람들이 믿는 자들을 고발하는 일이 많아지고, 거짓 선지자들이 일어나고, 죄악이 번성하며 사랑이 식어지는 일이 있을 것이라고 말씀하셨습니다.

사탄이 세력을 잡고 있는 이 세대가 종말을 고할 때쯤에 일어날 일은 그리 밝지 못합니다. 그러나 그렇다고 해서 종말의 때에 어두움과 악이 기승 부리는 것을 하나님께서 그냥 놔두신다는 말은 아닙니다. 하나님께서는 이 세대가 흑암에 완전히 처하도록 내버려 두시지 아니하실 것입니다. 신약 시대에 쓰여진 유대교의 종말에 관한 글들에는 종말이 다가오면 이 세상은 더 이상 희망이 없는 곳, 눈물과 고통뿐인 곳이 되며 하나님께서는 더 이상 이 세대를 간섭하지 아니하시는 것으로 기록되어 있습니다. 이처럼 미래에 대해 부정적인 생각을 가졌던 그리스도인들은 이 세대는 사탄이 지배하는 세대이기 때문에 그리스도인들이 아무리 흑암의 영들과의 싸움을 계속할지라도 이 세대에서는 결코 믿는 자들이 승리하지 못할 것이라고 생각합니다. 그들은 또한 장차 교회들이 배교하는 일이 있게 될 것이고 사회는 점점 악독해진다고 주장하여 왔습니다.

예수님께서도 스스로 이 세대의 종말이 가까워 올수록 악이 성행하여질 것이라고 예견하셨습니다. 그렇다고 해서 하나님께서 이 세대를 사탄에게 전부 내줘 버렸다는 말은 결코 아닙니다. 왜냐하면 한 사람이라도 더 하나님의 백성이 되게 하기 위해서 하나님 나라가 이미 이 세대를 침략하였기 때문입니다. 현재 상태에서 사탄은 이미 패배한 것이나 다름없습니다. 더군다나 하나님 나라가 이 악한 세상에 침투함으로써 이 세대에 이미 교회가 세워지기 시작했습니다. 하나님 나라는 교회를 통하여 하나님의 구원 계획을 이 세대에서 이루어 나가고 있는 중에 있습니다. 하나님 나라의 복음이 선포됨으로써 하나님 나라가 이 땅에서 이미 일하고 있다는 말입니다.

이제 이 장의 핵심 구절에 담겨 있는 내용에 대해 살펴봅시다. "이 천국 복음이 모든 민족에게 증거되기 위하여 온 세상에 전파되리니 그제야 끝이 오리라"(마 24:14). 이 구절에는 이 세상 종말에 대한 매우 중요한 세 가지 요소가 담겨 있습니다. 첫째는 하나님 나라의 복음이라는 메시지(message)요, 둘째는 선교의 사명(mission)이요, 셋째는 선교의 동기(motive)입니다.

신학자들 중에서 하나님 나라의 복음과 구원의 복음은 서로 다른 복음이라고 주장하는 사람들이 있습니다. 이런 사람들은 하나님 나라의 복음이란 교회 시대가 끝나고 환난이 올 때 유대인들 중의 남은 자들이 이제 곧 예수님께서 재림할 것이라고 외치는 복음이 바로 하나님 나라의 복음이라고 생각합니다. 그러나 그렇지 않습니다. 하나님 나라의 복음은 초대 교회 시대에 사도들이 외친 복음과 동일한 복음입니다.

이 장의 핵심 구절인 마태복음 24장 14절과 주님의 지상 명령(Great Commission)은 아주 밀접한 관계가 있습니다. 주님의 지상 명령이란 예수님께서 승천하시기 전에 제자들에게 하셨던 매우 중요한 명령입니다. "그러므로 너희는 가서 모든 족속으로 제자를 삼아 아버지와 아들과 성령의 이름으로 세례를 주고 내가 너희에게 분부한 모든 것을 가르쳐 지키게 하라 볼찌어다 내가 세상 끝날까지 너희와 항상 함께 있으리라"(마 28:19-20). 이 두 구절들, 즉 마태복음 24장 14절 말씀과 주님의 지상 명령은 선교에 대해 서로가 서로를 확인시켜 주는 구절입니다. 이 세대의 종말이 오기 전에 복음이 세상 끝까지 전파되어야 한다는 것이 이 두 구절의 공통점입니다.

주님의 지상 명령을 수행하기 위해 주님의 제자들이 이미 행하였던 바를 살펴봅시다. 먼저 사도행전 8장 12절을 보면 빌립에 대한 기록이 나옵니다. "빌립이 하나님 나라와 및 예수 그리스도의 이름에 관하여 전도함을 저희가 믿고 남녀가 다 세례를 받으니." 이 구절로 보아 예수님의 승천 후 사도 빌립은 주님의 지상 명령을 잘 이행하고 있음을 알 수 있습니다. 빌립은 사마리아 땅들을 돌아다니면서 하나님 나라의 복음을 전했던 것입니다. 빌립이 전했던 하나님 나라의 복음은 "이 천국 복음이 모든 민족에게 증거되기 위하여 온 세상에 전파되리니 그제야 끝이 오리라"(마 24:14)라는 말씀에서 나오는 바로 천국 복음인 것입니다.

사도 바울의 경우도 하나님 나라의 복음을 전하였습니다. 사도 바울이 로마에 갔을 때 그는 그곳에 거주하는 유대인들을 모아 복음을 전했습니다. 그가 그들에게 전한 복음의 메시지는 바로 하나님 나라의 복음이었습니다. "저희가 일자를 정하고 그의 우거하는 집에 많이 오니 바울이 아침부터 저녁까지 강론하여 하나님 나라를 증거하고 모세의 율법과 선지자의 말을 가지고 예수의 일로 권하더라"(행 28:23). 바울이 로마에 있는 유대인들에게 증거한 나라는 바로 하나님 나라였습니다.

바울은 예수님이 하셨던 것처럼 유대인들에게 하나님 나라의 복음을 전하였습니다. 바울이 전한 하나님 나라의 복음을 들었던 유대인들의 반응과 예수님께서 하나님 나라를 선포하셨을 때(마 4:17) 유대인들이 보인 반응은 동일하였습니다. 즉 일부의 유대인들은 복음을 받아들였으나 대부분의 유대인들은 바울의 메시지 받아들이기를 거절하였습니다. 그러자 사도 바울이 전한 복음은 이방인들에게 돌아갔습니다. "그런즉 하나님의 이 구원을 이방인에게로 보내신줄 알라 저희는 또한 들으리라"(행 28:28). '하나님의 구원'이 이제는 유대인들로부터 이방 사람들에게 옮겨지게 되었습니다.

여기서 말하고자 하는 요점은 구원의 복음과 하나님 나라의 복음은 동일하다는 것입니다. 다음 구절도 이러한 사실을 잘 설명하고 있습니다. "바울이 온 이태를 자기 셋집에 유하며 자기에게 오는 사람을 다 영접하고 담대히 하나님 나라를 전파하며 주 예수 그리스도께 관한 것을 가르치되 금하는 사람이 없었더라"(행 28:30-31). 사도 바울이 하나님의 복음을 전하였을 때 유대인들이 받아들이지 않자 이번에는 복음을 이방인들에게 전한 것입니다. 하나님 나라에 대한 좋은 소식인 복음은 유대인에게나 이방인들에게 모두 필요한 구원의 복음인 것입니다.

하나님 나라의 복음이 무엇인지에 관해서는 이미 제3장에서 자세히 다룬 바 있지만, 다시 한번 정리하여 보겠습니다. 먼저 고린도전서 15장 24-25절을 보면 주님의 구원 사역이 어떻게 마무리되어지는지에 대한 설명을 다음과 같이 하고 있습니다. "그 후에는 나중이니 저가 모든 정사와 모든 권세와 능력을 멸하시고 나라를 아버지 하나님께 바칠 때라 저가 모든 원수를 그 발아래 둘 때까지 불가불 왕노릇 하시리니"(고전 15:24-25). 바울은 여기서 그리스도의 승리와 통치에 대해 말하고 있습니다. 그리스도는 왕으로 자신의 왕국인 이 땅을 다스리십니다. 이것이 바로 그리스도를 통하여 다스리시는 하나님의 통치입니다. 예수님은 하나님의 아들이시며 또한 하나님이십니다. 그리스도에 의해 멸망받을 마지막 원수는 바로 사망입니다. 하나님 나라의 사명(mission)은 사망을 없애는 것입니다. 죄의 삯은 사망이기 때문에(롬 6:23) 하나님 나라는 죄와 사망과 사탄을 멸해 버리는 것입니다. 사망과 죄와 사탄이 완전히 멸망되게 되면 하나님의 통치가 완전히 이루어집니다.

하나님 나라의 복음은 그리스도께서 사망을 정복하셨다는 사실을 선포합니다. 사망이 영원히 불 못에 던져지는 최종 승리 사건은 미래에 일어날 것이긴 하지만(계 20:14), 그리스도께서는 이미 과거에 사망을 이기셨습니다. 그러기에 사도 바울은 "이제는 우리 구주 그리스도 예수의 나타나심으로 말미암아 나타났으니 저는 사망을 폐하시고 복음으로써 생명과 썩지 아니할 것을 드러내신지라"(딤후 1:10)고 말하고 있는 것입니다. 여기에 '폐하시고'(abolish)라는 단어가 나오는데 여기서 '폐한다'는 말은 '완전히 없애 버린다'라는 말이 아니고 '힘을 빼 버린다'는 말입니다.

그러므로 사망을 멸하는 데에는 두 단계가 있음이 명백해졌습니다. 첫 단계는 그리스도의 죽음과 부활로, 그리스도께서 사망의 힘을 이미 빼어 버리셨습니다. 두 번째 단계는 그리스도의 재림을 통해 사망이 완전히 멸하여집니다. 그리스도께서는 이미 사망의 권세를 멸하셨습니다. 사망이 아직도 이 세대에 존재하긴 하지만 그 사망은 이미 힘을 잃은 사망입니다. 우리 믿는 자들은 그리스도께서 이천 년 전에 사망을 멸하셨음이 그리스도의 통치로 사망을 완전히 멸하는 미래적 승리의 예표인 것을 잘 알고 있습니다. 그러므로 우리는 그리스도께서 이미 사망을 이겼노라고 선포할 수 있는 것입니다.

이러한 선포가 바로 하나님 나라의 복음인 것입니다. 인간이라면 누구나 이 복음이 절대적으로 필요합니다. 이 세상 어디를 가든지 인간의 죽음이 없는 곳은 없습니다. 우리는 도처에서 사랑하는 사람을 잃고 슬퍼하는 사람들을 봅니다. 가난하건 부자건, 권력자이건 아니건, 백인이건 황인이건, 남자건 여자건 상관없이 죽음은 누구에게나 찾아옵니다. 피라미드에 묻혔던 왕도, 비석 없는 무덤에 묻힌 가난뱅이도 사망을 이길 수 없었다는 사실은 동일합니다.

죽을 수밖에 없는 인간에게 하나님 나라의 복음이 주어지지 않았다면 인간은 사망 앞에서 무기력할 뿐이었을 것입니다. 그러나 복음은 그리스도께서 이미 사망을 멸하였다고 말합니다. 그리스도를 통해 역사한 하나님 나라의 능력 앞에서는 사망도 힘을 쓸 수 없었습니다. 사망이 그리스도를 죽음에 묶어 둘 수 없었습니다. 그리스도께서는 사망을 이기시고 다시 살아나신 것입니다. 예수 그리스도의 빈 무덤이 그것을 증명합니다. 이것이 바로 하나님 나라의 복음입니다.

사탄은 하나님 나라의 적입니다. 그리스도께서는 사탄을 자신의 발아래 굴복시키실 때까지 왕으로 통치하십니다. 이천 년 전에 이루어진 그리스도의 사망을 이긴 승리는 예수 그리스도의 재림을 고대하고 있습니다. 천년왕국 기간 동안에 사탄은 무저갱에 갇힐 것입니다. 천년왕국의 마지막에 사탄은 불 못에 던져질 것입니다. 그러나 그리스도께서 이미 사탄을 이기셨습니다. 하나님 나라의 승리는 미래적 사건인 동시에 과거의 사건입니다. 그리스도께서 육신의 몸을 입으시고 이 땅에 오신 것은 "사망으로 말미암아 사망의 세력을 잡은 자 곧 마귀를 없이 하시며 또 죽기를 무서워하므로 일생에 매여 종노릇하는 모든 자들을 놓아주려 하심"(히 2:14-15)입니다. 여기서 마귀를 '없이한다'는 표현은 좀 전에 살펴보았던 구절들, 즉 디모데후서 1장 10절의 '폐한다'(abolish)는 말과 고린도전서 15장 26절의 '멸망'(destroy)이라는 단어 그리고 고린도전서 15장 24절의 '멸하시고'라는 단어의 헬라어와 같은 단어로 사용되었고 그 뜻은 '힘을 빼어 버린다'입니다.

그리스도는 사망의 힘을 빼어 버리셨고 또한 사탄의 힘을 빼어 버리셨습니다. 아직도 사탄은 사자처럼 돌아다니면서 삼킬 자를 찾고 있습니다(벧전 5:8). 그러나 종교 모임에서 자신을 광명의 천사로 위장하여 활동하고 있긴 하지만(고후 11:14) 사탄은 이미 이빨 빠진 늙은 호랑이에 불과합니다. 그의 권세와 통치는 이미 힘을 잃었고 죽음만을 앞에 놓고 있습니다. 승부는 이미 이천 년 전에 난 것입니다. 그때 그리스도께서 사탄을 던져 버리시고 사탄에게 묶인 사람들을 자유케 하심으로써 그리스도께서는 하나님 나라는 인간들이 사탄의 종노릇하는 것에서부터 해방시키는 나라라는 사실을 입증하셨습니다. 하나님 나라가 사람들을 어두움에서 끄집어내어 치유와 구원의 나라로 옮겼습니다. 이것이 바로 하나님 나라의 복음입니다. 사탄은 이미 멸해졌습니다. 그러기에 믿는 자들은 사탄이 주는 두려움과 죄악에서 해방되어 하나님 아들의 영광스런 자유를 이 땅에 살면서도 경험하는 것입니다.

죄는 하나님 나라의 원수입니다. 죽음이 도처에 있는 것처럼 죄가 도처에 깔려 있습니다. 신문에는 인간이 저지른 죄에 대한 이야기들로 가득 차 있습니다. 그러나 사탄이나 죽음과 마찬가지로 죄도 이미 그리스도에 의해 멸망당하였습니다. 예수님께서는 자신의 대속적 희생으로 이미 죄를 제하여 버리셨습니다(히 9:26). 즉 죄가 힘을 못 쓰게 되었다는 말입니다. "우리가 알거니와 우리 옛 사람이 예수와 함께 십자가에 못 박힌 것은 죄의 몸이 멸하여 다시는 우리가 죄에게 종노릇 하지 아니하려 함이니"(롬 6:6). 죄의 몸이 멸하여졌다는 것은 죄가 힘을 못 쓰게 되었다는 말입니다. 그리스도의 통치 목적은 모든 죄와 사탄과 사망을 멸하기 위함입니다(고전 15:24, 26). 이 대적들은 이미 이천 년 전에 멸하여진 과거의 사건인 동시에 또한 미래에 일어날 사건인 것입니다. 예수님께서 과거에 죽으시고 부활하심으로 이루어 놓으셨던 대적 멸함의 사건을 예수님의 재림 사건으로 끝내실 것입니다. '사망'은 이미 멸망받았습니다(딤후 1:10). 사탄도 이미 멸망받았습니다(히 2:14). 죄의 몸도 멸망받았습니다(롬 6:6). 헬라어 원어 성경을 보면 이 세 구절에서 사용된 '멸망하다'는 모두 동일 단어인 '카타르게오'(katargeo)로 쓰여졌습니다.

그러므로 우리는 이제 더 이상 죄에 종노릇하지 아니하고 살아갈 수 있습니다(롬 6:5). 아직 죄가 세상에 있긴 하지만 그 죄의 권세는 무력해졌습니다. 죄가 더 이상 우리를 지배할 수 없다는 말입니다. 인간은 주님 오시기 전에는 죄에 대해 무력한 존재였으나 이제 믿는 자는 더 이상 죄에 대해 무력하지 않습니다. 이 세대에 침투한 하나님 나라의 능력이 죄의 사슬에 묶인 사람들을 풀어놓고 있습니다.

하나님 나라의 복음은 하나님이 하신 일과 앞으로 하실 일을 선포합니다. 복음은 하나님께서 대적들을 이미 멸하셨음을 선포합니다. 복음은 또한 하나님께서 예수 그리스도의 재림을 통하여 대적들을 영원히 멸하실 것임을 선포합니다. 이것이 바로 복음인 것입니다. 이 복음은 바로 인류에게 빛을 주는 희망의 복음입니다. 복음은 약속인 동시에 경험할 수 있는 실체입니다. 그리스도께서 이미 이루어 놓으신 일은 앞으로 이루실 일을 보증하는 보증수표라고 할 수 있습니다. 바로 이러한 복음이 세상 끝까지 전해져야 끝이 오는 것입니다. 세상에 전해져야 할 메시지가 바로 이러한 복음인 것입니다.

그러면 이제는 선교의 사명에 대한 이야기를 시작하겠습니다. 이 장의 핵심 구절인 마태복음 24장 14절의 중요한 세 가지, 하나님 나라의 복음이라는 메시지(message), 선교의 사명(mission), 선교의 동기(motive) 중에서 두 번째인 선교의 사명이란 무엇이겠습니까? 하나님의 대적을 그리스도께서 무찌르셨다는 좋은 소식을 온 세상에 전파하는 것이 바로 선교의 사명입니다. 마태복음 24장 14절은 성경에서 그리스도인의 존재의 목적을 밝혀 주는 가장 중요한 구절 중의 하나라고 할 수 있습니다. 과거의 많은 사람들은 인간의 존재 목적을 알려고 노력하여 왔습니다. 현실을 둘러보면 인류의 미래는 별로 밝지 않은 것처럼 보입니다. 곳곳에는 전쟁이요, 나라 안팎으로는 인간의 죄와 욕심으로 인한 사건들만 터질 뿐입니다. 이러한 암담한 현실들을 보고 있노라면 다음과 같은 질문들이 생길 수밖에 없습니다: 인간의 역사는 도대체 어디로 흘러가는 것일까? 인간이 이 세상에 존재하는 이유는 무엇인가? 인간 역사의 종착역은 어디인가? 인간에게는 한 가닥의 희망이라도 있는 것일까? 인간이란 종국에는 타 버릴 인형극 무대에 서서 의미 없는 말만을 되풀이하는 한 무리의 목각 인형들에 불과한 것인가?

인간의 역사는 진보한다는 진보 철학(philosophy of progress)이 한 세상을 풍미했던 적이 있었습니다. 진보 철학을 주장하는 사람들은 원시 시대부터 지금까지 인간의 문화와 문명은 진보하고 있다고 생각합니다. 그들은 인간 속에 내재된 잠재력으로 인해 인간은 점점 좋은 문화, 좋은 사회로 가게 되므로 결국엔 이 세상에 죄와 전쟁과 가난이 없어지게 될 것이라고 주장하였습니다. 그러나 이러한 주장은 오늘날 도처에 일어나고 있는 전쟁이 수천 년 전에도 있었다는 사실만 보아도 현실성이 없다는 것이 분명합니다. 어떤 철학자들은 인간 역사를 마치 위로 올라가기만 하는 거대한 나선형의 원에 비유하기도 합니다. 이들은 역사를 짧게 보면 기복이 있긴 하지만 대체로 역사는 전진해 올라간다고 주장합니다. 이러한 가르침은 진보 철학의 변형이라고 할 수 있습니다.

반면에 어떤 사람들은 마치 한 마리의 파리가 발에 잉크를 묻힌 후 깨끗한 도화지에 아무렇게나 날아다니고 앉았다 하여 점점 더 더러워지고 있는 도화지를 인간의 역사에 비유합니다. 신학자 루돌프 불트만은 「역사와 종말」(History and Eschatology)이라는 책에서 인간은 인간의 역사의 목적과 종착역에 대해 결코 알 수 없는, 그러므로 인간 역사의 의미에 대해 던지는 질문 자체가 무의미하다고 말한 바 있습니다. 이와 같은 견해들은 인간 역사에 대한 비관적인 견해들이라 할 수 있습니다.

경기 결정론을 따르는 마르크스주의자들은 이 세상을 물질세계로 보고 역사는 어떤 좋은 세상으로 움직여 간다고 믿었던 반면, 스펭글러(Spengler)는 역사가 전진한다는 것을 믿지 않았습니다. 그는 오히려 역사는 퇴보한다고 주장하였습니다. 한편 토인비는 방대한 분량의 연구를 통해 인류 문명의 역사가 어떤 패턴으로 움직이고 있는지를 알아보려고 시도한 바 있습니다.

반면 니버(Niebuhr), 러스트(Rust), 피퍼(Piper) 같은 신학자들은 성경에 계시된 내용들을 근거로 인류 역사의 의미를 찾으려고 노력하였습니다. 인류 역사의 의미와 향방을 알아낸다는 것은 결코 쉬운 일이 아닙니다. 그러나 인간 역사의 궁극적 의미는 성경에 기록된 인류의 역사 속에서 하나님께서 어떻게 일하셨는가를 보면 어렵잖게 알 수 있습니다. 그렇게 되기 위해서는 믿음이라는 눈을 가지고 성경을 보아야 합니다. 만약 하나님이 없다면 인간은 미로에서 헤매는 쥐와 같다고 할 수밖에 없습니다. 만일 하나님께서 인류 역사에 개입하시지 않는다면, 영원이라는 파도에 정처 없이 쓸려 왔다 쓸려 가는 해변의 모래와 같은 것이 인간 역사라고 단정할 수밖에 없을 것입니다. 그러나 성경은 하나님께서 인간의 역사 안으로 들어오셔서 인간 구원의 목적을 가지고 활동하고 계시다고 분명히 밝혀 주고 있습니다. 인간 역사에 들어오셔서 일하시는 하나님은 그분이 목적하신 방향으로 인간사를 이끌어 가고 계십니다.

만약 인간 역사를 이끌어 가시는 하나님이 존재하지 않는다면, 역사 비관론자의 주장이 옳게 생각될 수도 있습니다. 그러나 분명히 존재하시는 하나님께서는 역사를 통해 그리고 그리스도와 성경을 통해 그분의 선하신 목적을 드러내셨습니다. 그렇다면 그분의 인류에 대한 목적은 무엇이겠습니까? 어떤 사람이 근동 지역의 여러 나라들을 여행하면서 과거에는 거대했던 문명의 잔해들을 보았습니다. 페르세폴리스라는 도시에 있는 거대한 궁궐의 기둥들, 기제라는 곳에 있는 스핑크스와 피라미드들, 더베라는 옛 도시에 남아 있는 탑들은 이집트와 페르시아의 찬란했던 문명을 말해 주고 있을 뿐입니다. 한 나라가 일어났다가 사라지고 다른 나라가 그 뒤를 잇는 데 어떤 의미가 있는 것일까요? 인간의 역사에 어떤 의미를 달 수 있습니까?

성경은 이러한 질문들에 대한 답을 주고 있습니다. 인간 역사에 들어오셔서 인간의 구원을 위해 일하시는 하나님이 성경의 주제입니다. 오래전에 하나님께서는 작고 멸시받던 나라 이스라엘을 택하셨습니다. 하나님의 택함을 받을 만한 어떤 특별한 요소가 있기 때문에 하나님께서 이스라엘을 선택하신 것은 아닙니다. 하나님의 최종 목표는 전 인류가 하나님의 택함을 받도록 하는 것으로, 하나님께서는 대수롭지 않은 이스라엘을 택하

서서 자신의 최종 목표를 이루십니다. 이것은 바로 하나님의 주권적 계획에 의해서입니다. 이스라엘이라는 하나님이 선택한 나라와의 관계 안에서 이집트 제국과 앗시리아, 갈대아 나라들을 포함한 고대 근동 지역의 나라들의 존재 의미가 풀립니다. 하나님께서는 이들 여러 나라와 여러 왕들을 세우시고 폐하심을 통하여 이스라엘이라는 나라를 이끌어 오셨습니다. 하나님께서는 이스라엘을 높이셨고 그 백성들을 지켜 주셨습니다. 우리는 하나님의 이 계획을 인류 구속의 역사(Redemptive History, 구속사)라고 부릅니다. 지구상에 존재해 왔던 수많은 책들 중에서 오직 성경만이 하나님의 인류 구속사라고 역사 철학은 주장합니다.

어느 날 하나님의 때가 차자 주 예수 그리스도께서 이 땅에 아브라함의 후손인 유대인으로 태어나셨습니다. 이스라엘을 향한 하나님의 구원의 목적을 이루기 위해서 하나님께서 인간 역사에 깊숙이 들어오신 것입니다. 그리고 그리스도를 이 땅에 보내심으로 하나님께서 이스라엘을 통해 이루려고 하셨던 인류 구속의 초기 목적을 달성하였습니다. 그리스도께서 이 땅에 오시기 전까지는 인간 역사를 이끌어 가시는 하나님의 방향과 목적은 이스라엘과 밀접한 관련이 있었습니다. 그러나 그리스도께서 오셔서 죽음과 부활을 통해 인류 구속의 발판을 마련하시고 나서부터는 하나님의 역사를 향한 목적이 복음을 거절한 이스라엘로부터 교회, 복음을 받아들여 유대인과 이방인들이 함께 교제하는 교회로 옮겨지게 되었습니다. 예수님은 이러한 사실을 다음과 같은 말씀으로 확증하여 주셨습니다. "그러므로 내가 너희에게 이르노니 하나님의 나라를 너희는 빼앗기고 그 나라의 열매 맺는 백성이 받으리라"(마 21:43). 교회는 "택하신 족속이요 왕 같은 제사장들이요 거룩한 나라요 그의 소유된 백성"(벧전 2:9 상반절)입니다. 그리고 교회의 사명(mission)은 사람들을 어두운 곳에서 불러내어 하나님의 기이한 빛에 들어가게 하는 것입니다. 즉 교회의 사명은 모든 사람들이 하나님의 복음을 받아들여 하나님 나라에 들어가도록 하는 것입니다. 이러한 목적을 위해 하나님의 인류 구속의 거대한 계획이 지금도 하나님의 시간표에 따라 어김없이 진행되고 있습니다.

그리스도께서 승천하시고 나서 재림하시기까지의 기간 동안 땅 끝까지 복음이 전파되어야 합니다. 이 목적을 향해 인간 역사가 흐르고 있습니다. 인간 역사의 의미와 방향도 바로 이것을 향해 흐르고 있습니다. "이 천국 복음이 모든 민족에게 증거되기 위하여 온 세상에 전파되리니 그제야 끝이 오리라." 예수님께서 이 땅에 오신 후 이천 년이란 세월이 지났습니다. 이 기간 동안 인류 역사에 대한 하나님의 목적인 하나님 나라의 복음이 땅 끝까지 전해지는 일이 교회를 통하여 계속되고 있습니다. 이제 먼 훗날 우리가 하나님 나라의 기록 보관소에 들러서 하나님께서 인간 역사를 어떻게 어느 방향으로 끌고 가셨나 하는 것을 알기 위해 고문서들을 찾게 된다면 우리는 '서양의 역사', '인류 문명 발달사', '대영제국의 영광' 또는 '한국의 성장과 영토 확장'이라는 제목을 가진 책을 찾아보아서는 안 되고 '열방에 퍼진 하나님 나라 복음의 준비와 확장'이라는 책을 찾아보아야 할 것입니다. 왜냐하면 이 책에는 하나님의 인류 구원이 어떻게 이루어졌는가가 적혀 있을 것이기 때문입니다.

하나님께서는 믿는 자들에게 그분의 구속 목적을 이루라고 맡기셨습니다. 왜 하나님이 그렇게 하셨을까요? 하나님께서 믿는 자들이 그분의 목적을 이루지 못할 수도 있는 연약한 인간이라는 사실을 모르셨기 때문에 믿는 자들에게 맡기신 것이 아닙니다. 믿는 자들이 이룰 수 있기에 맡기신 것입니다. 그러나 벌써 이천여 년이란 오랜 세월이 흘렀지만 아직도 그 목적이 이루어지지 않고 있습니다. 그렇다면 왜 전능하신 하나님께서 직접 인류 전체를 자신의 힘으로 짧은 시간 안에 구원하시지 않으실까요? 왜 천군 천사들을 불러 모아 인류 구속을 하시지 않는 걸까요? 우리는 이러한 질문에 명확한 대답을 하기는 쉽지 않습니다. 단지 '그렇게 하시지 않는 것이 바로 하나님의 뜻입니다'라고 말할 수밖에 없습니다. 하나님께서는 선교의 임무를 믿는 자들에게 맡기셨고 믿는 자들인 우리가 수행하지 않으면 선교에 관한 한 아무 일도, 선교도 일어나지 않는 것은 분명한 사실입니다. 그런 까닭에 하나님이 사람을 통해서 일하신다는 사실이 우리를 흥분케 합니다.

그러나 오늘날 교회의 현실을 볼 때 이 흥분이 식지 않을까 걱정이 됩니다. 일이십 년 전까지만 하더라도 교회의 목사라면 믿지 않는 사람들조차도 존경하였습니다. 그러나 그러한 시대는 이미 지나 버린 듯싶습니다. 교회는 이제 더 이상 세상에 좋은 영향력을 행사하는 중심축이 아닌 듯싶습니다. 그리고 세상도 교회에 대해 더 이상 좋은 평판을 가지고 있지 않는 듯합니다. 우리나라의 정치 지도자들은 과학계, 정치계, 산업계, 교육계의 지도자들을 찾아가 자문을 구하지만 교회 지도자들에게는 자문을 구하지 않습니다. 교회는 제 기능을 상실해 가고 있는 것 같습니다. 사회에 대한 교회의 영향력은 정말 보잘것없는 것 같이 보입니다. 곳곳에 십자가의 뾰족 탑은 수없이 보이나 사회의 죄악은 더 늘어만 갑니다. 아무리 세상 사람들에게 교회에 다니라고 하여도 세상 사람들은 교회에 대해서는 관심이 없습니다. 교회는 이제 사람들의 관심에서 멀리 떠나 버렸습니다. 그러다 보니 이제 교회는 교회의 존재를 정당화하려는 구실을 찾기에 급급해 하고 있는 듯싶습니다. 이제는 교회를 유지하기도 힘들어 문닫는 교회들이 늘어나고 있습니다.

그러나 지금이야말로 성령의 불로 다시 교회를 뜨겁게 할 때입니다. 하나님께서는 예수님을 믿는 사람들의 연합인 교회에 하나님 나라의 복음을 전하는 사명을 맡기셨습니다. 이것이 하나님의 인간 구원의 계획 중 하나인 것입니다. 현대 문명의 최종 목적과 인간 역사의 존재 목적을 달성하는 것은 국제적인 정치 기구들이 담당하는 것이 아니고 바로 믿는 자들이 담당하는 것입니다. 교회가 복음을 갖고 이뤄야 할 선교는 그 어떤 정치와 경제적인 결정보다 더 중요합니다. 영원성이라는 시각으로 볼 때, 교회의 선교 사명은 남북한의 통일 문제보다, 한 나라의 경제 발전보다 더 중요한 위치를 차지합니다. 이 세상 그 어떤 임무보다 중요한 것이 하나님이 우리에게 맡기신 선교 사명인 것입니다.

그러므로 이제는 교회가 자성의 목소리를 발하되 자기 비하의 태도는 버려야 합니다. 하나님께서 우리를 보시는 시각으로 교회는 자기 자신을 보아야 합니다. 하나님께서는 믿는 자들의 교회가 선교 사명을 이룰 수 있다고 믿으셨기 때문에 교회에 선교를 맡기셨습니다. 그러므로 우리는 하나님께서 우리에게 맡기신 선교를 수행해야 합니다. 하나님 나라에 대한 좋은 소식을 믿는 자들이 세상 각 나라들과 방언들과 족속들에게 전해야만 합니다. 이 사명이 완수될 때 예수님께서는 재림하십니다. 하나님께서 우리에게 인류 구원의 사명을 맡기셨기 때문에 우리는 우리 자신이 선교의 사명을 담당하는 교회의 지체들이 된 것에 대해 기쁘게 여기며 자랑스럽게 여겨야 합니다. 세상 사람들이 만든 그 어떤 조직도 감당할 수 없는 사명을 하나님께서는 교회에 맡기셨습니다. 교회의 지체 된 우리는 그리스도의 지상 명령을 수행할 수 있는 삶을 살 수 있게 되었다는 사실에 감격해야 합니다. 인류 구속의 대업이 우리의 손에 달려 있다는 사실에 흥분해야 합니다.

마지막으로 마태복음 24장 14절에 나오는 주요 개념 중에서 세 번째 개념인 선교의 동기(motive)에 대해서 살펴봅시다. "그제야 끝이 오리라"라는 구절에 선교의 동기가 담겨 있습니다. 이 마지막 장의 주제는 "언제 하나님 나라가 도래하는가?"라는 질문에 대한 장인 것을 기억합시다. 우리는 예수님의 재림의 날이 언제인지 모릅니다. 우리는 이 세상의 끝 날이 언제인지 알 수 없습니다. 그러나 한 가지 분명한 사실은 교회가 세상 복음화의 사명을 마치게 되면 그리스도가 재림하신다는 사실입니다. 왜냐하면 성경이 그렇게 말하고 있고, 더구나 예수님께서 그렇게 말씀하셨기 때문입니다. 왜 서기 1999년에 예수님께서 재림하시지 않았습니까? 세상 끝까지 복음이 전해지지 않았기 때문입니다. 왜 서기 2000년에 예수님께서 재림하시지 않았습니까? 세상 끝까지, 땅 끝까지 복음이 전해지지 않았기 때문입니다. 그러나 하나님의 백성인 우리가 주님의 명령에 순종하여 복음을 이 세상 끝까지 전하는 사명을 끝낸다면 주님께서는 재림하십니다.

어떤 사람들은 '하나님께서 이렇게 중대한 복음 전파 사업을 인간에게 맡기다니 믿을 수 없어' 라고 생각합니다. 지금으로부터 약 이백 년 전, 영국에 윌리엄 캐리라는 사람에게 인도인에게 복음을 전하고 싶은 마음이 불타 올랐습니다. 이 사실을 전해들은 한 나이 먹은 그리스도인이 젊은 윌리엄 캐리를 불러 "여보게 젊은이, 내가 자네에게 충고 한마디 하겠네. 하나님께서 이방 나라를 복음화하시려면 얼마든지 자네 도움 없이도 하실 것이네"라고 말했습니다. 그러나 윌리엄 캐리의 선교 비전과 하나님의 선교 명령에 대한 명확한 이해는 그를 그 자리에 머물게 할 수 없었습니다. 그는 분연히 일어나 인도로 갔습니다. 이 윌리엄 캐리가 범세계적 선교의 선구자가 되었습니다. 사람들은 그를 현대 선교의 아버지라고도 부릅니다.

하나님께서는 그리스도를 믿는 자들인 우리에게 세상 끝까지 복음을 전하라는 대과업을 위임하셨습니다. 이 세대에 우리는 그 과업의 많은 부분을 완수한 것이 사실입니다. 지난 백 년 동안 하나님 나라의 복음을 전해 받은 사람의 수는 예수님 승천 후 1,900년간 복음을 전해 받은 사람의 수보다 많습니다. 현대 기술의 발달, 예를 들면, 교통 수단, 정보교환 수단 및 통신 수단의 발달로 인해 복음이 전 세계로 빠르게 전파되고 있습니다. 지금까지 성경이 약 1,500개 이상의 다른 언어들로 출판되었습니다. 만약 세상의 모든 교인들이 온 힘을 합한다면 수십 년 안에 전 세계에 복음을 전할 수도 있습니다.

그러나 여러분들 중에는 "그런 말씀은 하지도 마십시오. 불가능합니다. 많은 국가들이 현재 복음 전하는 것을 법으로 금지하고 있다는 것을 모르시고 하시는 말씀입니다"라고 주장하실 분도 있으실 것입니다. 그러나 우리는 하나님이 어떤 분이신지를 잘 알고 있습니다. 그분께서 하시고자만 하시면 복음의 문이 닫힌 나라의 지도자들의 마음을 바꾸게 하셔서 그들의 나라가 복음을 받아들이도록 법을 고치게 하실 수 있으십니다. 복음에 대해 폐쇄적인 나라 뒤에는 더 크신 하나님이 계시다는 사실을 기억하십시오. 하루아침에 무너진 동구권 나라들을 보십시오. 몇 년 만에 문호를 개방한 중국을 보십시오. 우리는 중동의 여러 나라들이 복음을 거절하고 있다고 해서 걱정만 하고 있어서는 안 됩니다. 선교가 가능한 곳인데도 불구하고 우리는 선교사를 파송하지도 않은 채 엉뚱한 걱정만을 하고 있어서는 안 되겠습니다. 우리가 하나님의 백성으로 주님의 지상 명령을 신실하게 이루어 나간다면, 하나님께서는 복음에 대해 배타적인 나라가 복음에 대해 문을 열도록 조치하실 것입니다. 그러나 그렇게 되기 전까지 우리는 복음 전파 가능 지역인데도 선교사가 없는 지역에 대해 최대한 노력하여 하나님의 복음이 전파되도록 하여야 할 것입니다.

어떤 사람들은 다음과 같은 질문을 할지도 모릅니다: "언제쯤 세상 끝까지 하나님 나라의 복음이 전파되겠습니까? 선교 과업의 수행이 언제 끝나겠습니까? 이 세상 종말은 언제쯤인지 정확하게 그 날짜를 알려 주십시오." 이런 질문에 정확한 답을 해 줄 수 있는 사람은 아무도 없습니다. 오직 하나님만 아시는 일입니다. 하나님만이 언제 주님이 재림하실지 아십니다. 우리가 단지 아는 것은 예수님께서 아직 재림하시지 않았다는 사실입니다. 또한 아직은 세상 끝까지 복음이 전해지지 않았다는 사실과 복음이 땅 끝까지 전해지면 예수님께서 다시 오신다는 사실만을 알고 있을 뿐입니다. 우리는 선교에 관해 토론만 벌이기보다는 선교해야 합니다. 아직 예수님께서 재림하시지 않았다면 우리의 임무는 완수된 것이 아닙니다. 예수님께서 재림하실 때까지 우리는 선교에 우리의 온 힘을 바쳐야 합니다.

우리가 세상을 구원하는 것이 아닙니다. 하나님께서는 우리에게 이 세대를 바꾸도록 요청하시지 않으셨습니다. 성경에는 세상 종말 때에 전쟁과 환란과 핍박과 순교가 있을 것이라고 기록되어 있습니다. 이런 말씀은 믿는 자들에게 오히려 위로와 안심을 가져다줍니다. 왜냐하면 복음이 전해져도 전쟁과 핍박이 있을 것을 보니 예수님 재림 전의 세상이 좋은 세상은 아니라는 사실을 알게 되기 때문입니다. 그러므로 비현실적인 낙관론은 안 가지게 됩니다. 우리가 아무리 노력해도 세상은 점점 더 악해진다는 사실에 우리는 실망하지 않아도 됩니다.

우리는 세상에 전해 줄 능력의 메시지를 갖고 있습니다. 그 메시지가 바로 하나님 나라의 복음인 것입니다. 이 세대에 두 세력이 맞서고 있으니 바로 악의 세력과 하나님 나라의 세력입니다. 이 세상은 지금 이 두 세력이 싸우고 있는 상황입니다. 악한 사탄의 세력들이 하나님의 백성을 공격하고 있습니다. 그러나 하나님 나라 또한 사탄에 대한 공격의 고삐를 늦추지 않고 있습니다. 이러한 두 세력 간의 대립은 이 세대가 끝날 때까지 계속될 것입니다. 그러나 예수님의 재림 때에 마지막 승리가 성취됩니다.

한편 예수님께서는 승천하시기 전에 이 세상 끝에 악이 득세할 것이라고 말씀하셨습니다. 거짓 선지자와 자칭 구세주들이 나타나서 사람들을 미혹할 것이라고 말씀하셨습니다. 종말의 때가 가까워지면 죄와 악이 편만해지는 반면 사랑은 식어질 것입니다. 하나님의 백성들은 그들이 당하는 고난을 견뎌 내야만 할 것입니다. 그러나 그때에 또한 고난당할 사람들에게 하나님의 위로의 말씀들이 주어질 것입니다. "세상에서는 너희가 환난을 당하나 담대하라 내가 세상을 이기었노라"(요 16:33). "제자들의 마음을 굳게 하여 이 믿음에 거하라 권하고 또 우리가 하나님 나라에 들어가려면 많은 환난을 겪어야 할 것이라"(행 14:22). 우리가 하나님 나라의 복음을 전할 때에 고난을 받게 될 터인데 우리는 그때마다 그러한 시련을 견뎌 낼 각오를 하고 있어야 합니다(계 1:9). 예수님께서는 우리에게 "끝까지 견디는 자는 구원을 얻으리라"(마 24:13)고 희망과 용기의 말씀을 주셨습니다. 이러한 핍박 속에서도 심지어 생명을 내놓으면서까지 견디는 자들은 하나님의 보호를 받습니다. "심지어 부모와 형제와 친척과 벗이 너희를 넘겨주어 너희 중에 몇을 죽이게 하겠고 또 너희가 내 이름을 인하여 모든 사람에게 미움을 받을 것이나 너희 머리털 하나도 상치 아니하리라"(눅 21:16-18).

그러나 교회는 그 특성상 순교하는 교회가 될 수밖에 없습니다. 우리는 복음을 들고 세상으로 나갈 때 사람들의 거절과 핍박받을 준비를 하고서 나가야 합니다. 심지어는 순교할 수도 있습니다. 이 악한 세대는 하나님 나라의 복음에 적대적일 수밖에 없습니다. 신약성경의 종말에 대한 어떤 예언들은 이 세상의 끝 무렵에 일어날 악한 일들에 대해 다음과 같이 말하고 있습니다(딤후 3:1): "이 세상의 끝이 다가오면 교회는 잘못된 교리에 빠져들게 되고 배교하는 일이 교회에 풍미하게 됩니다. 그러나 오직 신실한 소수의 사람들만이 끝까지 하나님에 대한 믿음의 순수성을 지킵니다." 종말 때의 교회들은 라오디게아 교회처럼 되는 경우가 많아 영적인 문제에 대해서는 듣기를 싫어하는 교회들이 많아집니다. 종말의 때에 득세할 악이 너무 강조가 되다 보니 조금만 세상이 혼탁해져도 예수님이 금방이라도 오실 것 같은 생각을 하는 경우가 많은데, 이런 오류에는 빠지지 않도록 조심하는 것이 좋습니다.

성경이 마지막 때에 있을 악들을 강조하여 설명하고 있는 것은 부인할 수 없는 사실입니다. 이 세대는 세상 종말을 맞이할수록 하나님 나라의 복음을 극도로 싫어하게 됩니다. 그러나 그렇다고 해서 우리가 비관론에 빠져서 하나님 나라의 복음을 땅끝까지 전하는 것을 포기한 채로 있어서는 안 됩니다. 우리는 이 세상이 악해질수록 하나님 나라의 복음을 모든 나라에 전하도록 더 많이 노력해야 할 것입니다. 올 세대는 이미 이 세대에 침투하였습니다. 올 세대의 능력들은 이미 이 세대에 스며들었습니다. 이 세대의 끝 무렵에는 악들이 득세할 것이지만 하나님께서는 마지막 날에 인류의 구속을 위하여 인간들에게 복음을 주셨습니다. 더군다나 하나님께서는 말세에 성령을 모든 사람에게 부어 주시겠다고 약속하셨습니다(행 2:17). 하나님의 말씀을 선포할 힘을 주시기 위해 하나님께서는 마지막 때에 하나님의 자녀들에게 성령을 풍성히 부어 주실 것입니다. 말세에 악이 왕성해질 것이지만 극악의 상태는 아닐 것입니다. 하나님께서는 말세에 악이 더해짐에 대비해서 믿는 자들에게 성령을 한량없이 부어 주셔서 우리가 복음을 전파하는 데 마지막 힘을 낼 수 있도록 하실 것입니다. 그 결과 세상 모든 나라들에게 복음이 전파될 것입니다. 그런 연후에야 종말이 옵니다.

우리는 이 세상 끝에 가면 복음이 세상을 덮을 것이므로 좋은 세상이 된다고 생각하는 낙관론자가 아닙니다. 또한 이 세대의 악에 치여서 패배만 할 뿐이라고 생각하는 비관론자는 더욱더 아닙니다. 우리는 성경의 기록을 근거로 종말을 인식하는 현실주의자(realist)들입니다. 그러기에 우리는 악의 물결이 거세어질 것도 알고 있지만 또한 결국은 우리가 하나님 나라의 복음을 이 세상 끝까지 전하게 될 것도 잘 알고 있습니다.

이제 중요한 말을 하겠습니다. 우리가 선교를 그렇게도 중요하게 생각하는 이유는 우리가 선교 사명을 완수하게 되면 마지막 승리가 도래하기 때문입니다. "그제야 끝이 오리라"라는 성경 말씀이 그것이 사실이라는 것을 증명하여 줍니다. 성경 전체에서 "그제야 끝이 오리라"라고 기록된 곳은 마태복음 24장 14절뿐입니다. 전 세계에 복음이 전파되면 이 세대가 끝이 납니다. 이 세상에 복음이 전파될수록 이 세대의 끝이 가까이 왔다는 것은 점점 더 확실해집니다(마 24:3). "이 천국 복음이 모든 민족에게 증거되기 위하여 온 세상에 전파되리니 그제야 끝이 오리라." 여기서 '그제야'는 바로 교회가 선교의 사명을 완수한 때를 말합니다.

당신은 주님의 재림을 사모하십니까? 만일 당신이 그런 분이라면 하나님의 복음을 전 세계에 전하는 데 협조하시거나 동참하십시오. 예수님께서는 우리에게 위대한 명령을 하셨습니다. 우리는 이를 '지상 명령'(Great Commission)이라고 부릅니다. "예수께서 나아와 일러 가라사대 하늘과 땅의 모든 권세를 내게 주셨으니 그러므로 너희는 가서 모든 족속으로 제자를 삼아 아버지와 아들과 성령의 이름으로 세례를 주고 내가 너희에게 분부한 모든 것을 가르쳐 지키게 하라 볼찌어다 내가 세상 끝날까지 너희와 항상 함께 있으리라 하시니라"(마 28:18-20). 우리가 이러한 지상 최대의 명령을 받았음에도 신자들과 교회들이 이를 잘 수행하지 않고 있는 것을 보면 답답합니다. 하나님께서는 하늘과 땅의 모든 권세를 예수님에게 이미 주셨습니다. 그리스도는 이미 사탄으로부터 권세를 빼앗으셨습니다. 이 사실이 바로 하나님 나라의 좋은 소식인 것입니다. 하나님 나라가 이미 사탄의 나라를 침략하였습니다. 이 악한 세대는 그리스도를 통해 하나님 나라로부터 이미 공격을 받은 상태입니다. 모든 권세가 지금 현재 그리스도의 것이 되었습니다. 그리스도께서는 이 세상에 다시 오실 때까지는 자신의 권세를 나타내지 아니하십니다. 그러나 여전히 권세는 그리스도의 것이요, 사탄은 패배된 상태요, 묶인 상태입니다. 죽음은 정복되었고 죄는 꺾여져 있는 상태입니다. 모든 권세는 주님의 것입니다. "그러므로 너희는 가라"라는 말씀 중에서 '그러므로'는 '모든 권세가 주님의 것이 되었으므로' 라는 뜻입니다. 모든 권세가 주님의 것이 되었으므로 우리는 세상에 나가 복음을 전해야 합니다.

하나님 나라는 그분의 것입니다. 그리스도가 하늘에서 통치하시고 이 땅에서 통치하십니다. 이 땅에서는 그리스도께서 교회를 통하여 통치하십니다. 그리스도는 교회의 머리이시며 이 세대에 침투한 하나님 나라의 통치자이십니다. 왜냐하면 하나님께서 모든 권세를 그리스도에게 맡기셨기 때문입니다. 우리가 우리의 선교 사명을 끝까지 잘 완수했을 때 그분께서는 재림하셔서 자신의 나라를 영광 중에 세우실 것입니다. 그러므로 우리는 주님의 재림을 기다리기만 하지 말고 주님께서 빨리 오실 수 있도록 조치를 취해야 합니다(벧후 3:12). 즉, 주님이 빨리 오실 수 있도록 하기 위하여 하나님 나라의 복음을 열심히 그리고 서둘러서 전 세계에 전하여야 합니다. 이것이 바로 우리가 해야 할 일인 선교입니다.